青少年阳光快乐体育丛书

QINGSHAONIAN
YANGGUANG KUAILE TIYU CONGSHU

强者游戏：户外运动

—QIANGZHE YOUXI:HUWAIYUNDONG

主　编：张五平　执行主编：史明娜　张五平　本书编写组◎编

世界图书出版公司
广州 · 上海 · 西安 · 北京

图书在版编目（CIP）数据

强者游戏：户外运动 /《强者游戏：户外运动》编写组编．—广州：广东世界图书出版公司，2010.4（2021.5 重印）

ISBN 978－7－5100－1992－0

Ⅰ．①强… Ⅱ．①强… Ⅲ．①体育锻炼－青少年读物 Ⅳ．①G806－49

中国版本图书馆 CIP 数据核字（2010）第 050032 号

书　　名	强者游戏：户外运动 QIANGZHE YOUXI HUWAI YUNDONG
编　　者	《强者游戏：户外运动》编写组
责任编辑	康琬娟
装帧设计	三棵树设计工作组
责任技编	刘上锦　余坤泽
出版发行	世界图书出版有限公司　世界图书出版广东有限公司
地　　址	广州市海珠区新港西路大江冲 25 号
邮　　编	510300
电　　话	020-84451969　84453623
网　　址	http://www.gdst.com.cn
邮　　箱	wpc_gdst@163.com
经　　销	新华书店
印　　刷	唐山富达印务有限公司
开　　本	787mm×1092mm　1/16
印　　张	13.25
字　　数	160 千字
版　　次	2010 年 4 月第 1 版　2021 年 5 月第 9 次印刷
国际书号	ISBN　978-7-5100-1992-0
定　　价	38.80 元

本书编写人员

执行主编

史明娜　张五平

执行副主编

孙亮亮（成都体育学院研究生部）

梁永杰（贵州财经学院体育工作部）

刘志敏（成都体育学院研究生部）

执行主编简介

史明娜(1982.8～　)女,山东烟台人,西南大学硕士研究生,曾从事户外运动、健美操等理论研究与教学工作。现工作于四川省体育科学研究所,专门从事体育理论与全民健身研究。所撰写的科研论文多次被国家核心期刊《体育文化导刊》、省级刊物《山东师范大学学报》《四川体育科学》等录用,并参与了国家级课题的研究。

张五平(1957.5～　)男,山东临清人,成都体育学院体育系副教授,硕士生导师。主要教授课程有:排球、体育游戏、体育项目概论等。先后以独立作者或第一作者在国家核心刊物发表科研论文二十余篇,曾获国家体育总局体育院校教学成果二等奖一项、三等奖两项、成都体育学院教学成果一等奖,并承担多项省级、院级课题的研究。

曾任阿拉伯联合酋长国 ALAHALI－CLUB 俱乐部主教练、巴林国家队主教练,率队参加第十二届亚洲锦标赛,并在第五届海湾杯国际排球锦标赛(西亚地区顶级赛事)中取得了冠军。

前 言

当今时代，人人都明白“科技是第一生产力”、“知识就是财富”，但是，千万不能因此就忽略了对青少年健康体质的培养。青少年时期是身心健康和各项身体素质发展的关键时期。青少年的体质健康水平不仅关系个人健康成长和幸福生活，而且关系整个民族健康素质，关系我国人才培养的质量。为此，《中共中央国务院关于加强青少年体育增强青少年体质的意见》强调“增强青少年体质、促进青少年健康成长，是关系国家和民族未来的大事。”“广大青少年身心健康、体魄强健、意志坚强、充满活力，是一个民族旺盛生命力的体现，是社会文明进步的标志，是国家综合实力的重要方面。”

但是，由于片面追求升学率的影响，社会和学校存在重智育、轻体育的倾向，学生课业负担过重，休息和锻炼时间严重不足，此外，许多学校体育设施和条件不足，学校体育课和体育活动难以保证，导致青少年身体素质下降。近些年体质健康监测表明，青少年耐力、力量、速度等体能指标持续下降，视力不良率居高不下，城市超重和肥胖青少年的比例明显增加，部分农村青少年营养状况亟待改善。解决未来一代学生体质健康不断下降已成为当务之急。

2006 年 12 月 23 日，教育部、国家体育总局、共青团中央联合下发的《关于开展全国亿万学生阳光体育运动的决定》，进一步深化了“健康第一”、“每天锻炼一小时，健康工作五十年，幸福生活一辈子”的健康生活理念，这是我国为改变学生体质健康状况持续下降的不利局面，推动广大学生积极快乐参加体育活动而发出的伟大号召，意义重大而深远。

阳光体育运动的要求是让中学生走向操场，走进大自然，走到阳光下。阳光体育运动也是快乐的。每个参加者在积极主动地，热情地走进丰富多彩的体育运动，锻炼身体，强健体魄的同时，内心充满活力，充满阳光，向往阳光，享受运动带来的快乐。阳光快乐体育的目标任务是：通过持之以恒地参与阳光快乐体育运动，让青少年养成健康的生活方式，建立奋发向上、不断进取的人生态度，使他们未来拥有健康的体魄、坚忍不拔的意志品质、良好的心理素质、健全的人格，从而成长为有中国特色的社会主义事业的合格建设者和接班人，为未来拥有成功的人生打下坚实的基础。

为此，我们编写了这套丛书，真切希望为广大青少年全面认识和了解丰富多彩的体育运动、选择出适合自己的运动项目提供一个平台，为他们更好地掌握科学的锻炼方法、获得运动健康知识提供一个窗口，从而为形成“人人参与、个个争先”的、生气勃勃的校园体育锻炼氛围，为阳光快乐体育运动的顺利开展和有效实施作出微薄的贡献！

适合青少年学生的体育运动项目繁多，各有特色，本系列丛书所涵盖的运动项目主要分为两大类：奥运项目和青春时尚系列运动项目。其中奥运项目包括：篮球、足球、排球、乒乓球、羽毛球、网球、游泳、跳水、花样游泳、赛艇、皮划艇、帆船、水球、田径、体操、艺术体操、重竞技运动、跆拳道、手球、棒球、垒球等；青春时尚系列运动项目主要包括：健美操、青春时尚系列、户外运动、武术套路运动、散打运动等。丰富多样的运动项目体现了本丛书的全面性、系统性的特点，方便广大青少年能够全面认识和了解丰富多彩的体育运动，根据自己的兴趣爱好、身体素质及学习和生活状况来选择适合自己的运动项目。

本丛书另一个特点是以图文结合的形式介绍每种运动项目，以图释文、图文并茂，让各种动作技术变得易懂易学。这能让青少年更形象、更轻松地理解每一个技术动作，也能更好地培养青少年的空间思维能力，增加学习兴趣。

此外，本丛书按教材的逻辑结构编写，每个运动项目介绍内容包括：运动项目的起源与发展→运动项目的基本技术技能→运动项目的快乐入门→运动项目的综合知识→运动项目的竞赛规则→运动损伤及处理措施。条理清晰、简单易懂，让读者在轻松快乐学习该运动项目技术动作的同时，也可了解到相关的一些理论知识。

我们衷心希望每个青少年都能将体育运动真正融入到生活、学习和成长过程中去，都能在体育运动中体验快乐，体验快乐的生活方式。祝福每一位青少年都能健康快乐地成长！

本丛书编写过程中，得到了很多朋友的帮助，也从很多同行的著述中得到了启发，特别是陈明生老师为本套丛书提出了许多宝贵意见和指导，在此表示深深的感谢！

编　者

编写说明

户外运动是近几年在我国逐步开展并且发展迅猛的一种新兴的体育项目。2005 年国家体育总局批准将户外运动列为正式开展的体育运动项目，已成为人们用于度过闲暇时间最喜爱的活动之一。户外运动作为一项走进大自然，亲近大自然，将旅游、休闲、竞技、探险融为一体，行进于大山中、丛林间、峡谷里等的体育运动项目，越来越多的青少年学生积极参与进来。户外运动在锻炼了青少年学生健康的体魄的同时，也给他们一种催人奋进、自强不息的精神，培养他们团结合作、互相关爱的品质，为他们提供了一个释放学习压力，开阔自身创造力，重塑人际关系和尽情享受自然风光的机会，使他们身心都能得到一种愉悦的锻炼，顺应和推动了素质教育的全面开展。

在感受大自然美好一面的同时，也有它的严肃的一面，一件件“山难”事故的发生，让我们不得不对户外运动的安全性加以重视。所以青少年学生在亲近大自然时，除了了解户外运动项目基本常识和齐全装备的同时，还应有丰富的户外知识，充沛旺盛的体能，熟练精湛的操作技术，这些都是必备的，是要通过今后的慢慢学习和训练来掌握的。

本书以图文结合的形式，简洁的文字配以清晰的图片，形象生动地介绍户外运动常见的登山、攀岩、定向运动、野外生存、山地自行车等项目，并重点介绍这些项目的基本知识、主要装备、基本技术和运动前身体素质的要求，强调开展这些项目时的安全注意事项及医护常识等。为广大青少年户外运动爱好者在感受自然，挑战自然中提供帮助。

本书共分八章，由史明娜、张五平负责全书的框架构建、统稿与修改。第一、二、三章由史明娜、张五平、梁永杰编写；第四、五、六章由史明娜、张五平、孙亮亮编写；第七、八章由史明娜、张五平、刘志敏（成都体育学院研究生部)编写。

本丛书编写过程中,得到了很多朋友的帮助,也从很多同行的著述中得到了启发,特别是陈明生老师为本套丛书提出了许多宝贵意见和指导,在此,一一表示深深的感谢!

由于编写水平与经验有限,本书难免有疏漏和不足之处,敬请广大读者批评和指正。

编　者

2009 年 10 月

目　录

第一章

户外运动概述(Outdoor sports)

北京奥运会的成功举办后,全民健身大潮再一次兴起。体育运动成为人们不可缺少的生活元素之一。为了消除现代社会高速度、快节奏所带来的强压力,人们纷纷走出家门,脱离狭小空间的束缚,投入大自然的怀抱,开展形式多样的体育活动,以舒缓心理压力,维护身心健康。

图 1－1

户外运动既能满足参与者好奇、求新的心理需求,又使参与者在艰苦的自然环境下受到锻炼、提高克服困难的能力,突破自我、超越自我,从而体现自我价值、培养集体主义精神。户外运动在我国虽起步较晚,但发展趋势迅猛。究竟什么是户外运动,它的意义和作用是什么,我们要有一个清楚的认识。

第一节　户外运动起源及发展

早期的户外运动其实是一种生存手段,采药、狩猎、战争等活动,是为了生存或发展而被迫进行的活动随着战争的远离和经济的发展,户外活动开始走出军事和求生范畴,成为人类娱乐、休闲和提升生活质量的一种新的生活方式。其最主要的表现方式是在规范和安全的前提下,从事具有一定风险且具有挑战性的活动。户外运动的起源与登山运动的诞生有着密切联系。

图 1－2

【小贴士】阿尔卑斯运动

西部欧洲的阿尔卑斯山区,在高山海拔 3000～4000 米的雪线附近,即接近"高山植物禁区"的地带,往往生长着一种野花——"高山玫瑰"。据说很久以前,阿尔卑斯山区居民一直流行一种风俗;当小伙子向姑娘求爱时,为了表示对爱情的忠诚,就必须战胜重重困难和危险,勇敢地攀上高山,采来"高山玫瑰",献给自己心爱的姑娘。它是男人对爱情坚定、坚强、勇敢、无畏的一种表现形式。直到今天,阿尔卑斯山区的居民仍然保留这种习俗。长此以往,在阿尔卑斯山区的登山活动便发展成一种为广大群众爱好和踊跃参加的活动。

另一种说法是:18 世纪中期,阿尔卑斯山以其复杂的山体结构、气象和丰富的动植物资源,吸引越来越多的科学家的注意。1760 年日内瓦一位名叫 H·德索修尔的年轻科学家,在考察阿尔卑斯山区时,对勃朗峰的巨大冰川发生浓厚的兴趣。然而,他自己攀登却未能成功。于是,他在山脚下的沙漠尼村口贴了这样一张告示:"为了探明勃朗峰顶上的情况,谁要能攀上它的顶峰,或找到攀上顶峰的道路,将以重金奖赏。"布告贴出后,没有人响应,一直到26年后的1786年,才由沙漠尼村的医生M·G帕卡尔邀约当地石匠J·巴尔玛,结伴于当年8月8日攀上勃朗峰。一年后,H·德索修尔自己携带所需仪器,由巴尔玛为向导,率领一支20多人的队伍登上了勃朗峰,验证了帕卡尔利巴尔玛的首攀事实。英国大百科全书“登山”条目下,采用了这种说法。由于现代登山运动兴起于阿尔卑斯山区,在世界各国,登山运动又被人们称之为“阿尔卑斯运动”。

图1-3

1857年,世界上最早的户外运动俱乐部在德国诞生,是以登山、徒步为主要运动项目,这个民间组织也是现代户外运动俱乐部的雏形。户外运动俱乐部的诞生,促进了登山运动的发展,在1855~1865年10年期间,阿尔卑斯山脉20座4000米以上高峰相继被征服。此后,户外运动形势又发生了很大变化。其中,陆地上以登山、攀岩、溯溪、溪降、漂流、探洞、滑雪、越野自行车、滑板等一些带有冒险性的极限运动为主体的山野类活动被相继纳入户外运动项目。

图1-4

户外运动在我国的起源、发展有着与国外相同的历程,但要比国外晚了将近100多年,当中国的登山运动刚刚起跑时,世界登山运动已进入登山史上“喜马拉雅的黄金时代”。但中国是个多山的国家,世界著名的喜马拉雅山脉、喀喇昆仑山脉、帕米尔高原以及14座海拔8000米以上的高峰中的9座,都位于中国的边界线上。在我国内地海拔1000~3000米的山更是不计其数,这样的地理环境,为开展登山、攀岩提供了优越的条件和广阔的前景。

1957年6月,中华全国总工会登山队登上了四川西部海拔7556米的贡嘎山顶峰。这是我国登山运动员第一次独立组队进行的登山活动,以攀登贡嘎山的胜利为标志,中国登山运动进人了一个新的发展时期。

图1－5　贡嘎山

在以后的几十年间我国培养了一批优秀的国际登山健将运动员,开辟了中国民间登山探险活动的新纪元。虽然如此,登山运动由于受多方面条件的限制,仍然是极少数人能够参与的一项活动。

图1－6

我国真正意义上的群众性“山地户外运动”的兴起是在20世纪90年代,一些高校体育工作者把登山过程中的经历,演变成了运动项目,如自然岩壁攀爬、岩降、野外定向、负重行军、丛林穿越、涉水、溯溪、修建营地、埋锅造饭等纳入体育教学,开设了“野外生存体验”课并组织相关活动向社会推广,吸引社会人士参与此项活动。该项活动所具有的独特魅力吸引了大批青年人的踊跃参加。户外运动作为新兴的体育项目,带着强烈的时尚气息在我国迅速发展,全同各地的户外运动俱乐部如雨后春笋般发展,在短短的几年内,户外运动俱乐部已发展到几百家,运动项目不断拓展,技术、技能水平也不断得到提高。现如今,登山、攀岩、徒步、穿越、溯溪、溪降、漂流、越野自行车、探洞、直排轮滑、野外生存等一些新颖奇特、刺激惊险、张扬个性、充满想象力的户外运动项目已被许多中国人所接受,正逐渐由少数爱好者参与的运动向大众化的休闲体育方式转变。

第二节　户外运动概念

图 1－7

在我国,户外运动是一种新兴的体育运动,随着户外运动俱乐部的迅猛发展以及参加户外活动的人员急剧增加,开始对户外运动进行深入地研究。2003 年,国家体育总局登山运动管理中心主任李致新先生在其《户外运动的健身意义及其规范化》研究报告中指出:户外运动是指在自然场地(非专用场地)开展体育活动;同年,国家体育总局登山运动管理中心户外运动部主任李舒平先生在其《登山·户外运动在体育领域中的研究与对策》研究报告中指出户外运动是一组以自然环境为场地(非专用场地)的带有探险性质或体验探险的体育项目群。

由于人们的认识不一致,在国内外对户外运动还没有一个确切统一的定义。根掘多年来从事户外运动教学和实践的经验体会,结合国内外有关专家的认识和见解,我们从有广义、狭义和特定的概念来界定户外运动。

有人认为,户外就是"走出院落","运动"就是指人体的空间位移。因而,定义出户外运动就是在房屋院落露天之下的活动。对此在露天的环境中跑跑步、打打球,甚至教散步也是户外运动。我们把这种认识暂定为"广义的户外运动",这就是:在非人工的自然环境中的空间位移都可以称之为

图 1－8

户外运动。但这个定义过于宽泛,在认识和理解上容易与其他的体育运动混淆起来,显示不出户外运动的独特魅力。

狭义的户外运动是指在自然场地(非专用场地)开展的体育活动。这应是一个比较贴切的定义。其中,自然场地(非专用场地),对于户外运动来说,是一种自然的状态,排除了在室外人工专门场地进行的体育运动项目,如足球、沙滩排球、高尔夫球等运动,主要包括大自然和人工非运动目的的建筑物,如公路、楼房等。体育活动则是规定了此项活动的性质,排除了自然场地中进行的其他活动,如旅游、生产等活动。

图 1－9

另外,山地户外运动是户外运动的一个特定的概念。山地户外运动是指在海拔 3500 米以下的山区、丘陵开展的与登山有关的户外运动。这是中国登山协会章程中规定的关于高山概念的海拔。我国四川、云南的高山雪线一般都在 3500 米左右,而青藏高原雪线一般在 4500 米左右。在雪线以上的地区从事活动,一般需要特殊器械和设备,如特殊的行军、饮食设备、住宿和攀登用的特殊器械等;并且在海拔 3000～3500 米以上的地区生活,出于空气中含氧量和气压的降低,人们会出现明显的身体不适,即高山反应,因此,3500 米是一个比较合理的界限，海拔在 3500 米以上的地区定为高原。

图 1－10

第三节　户外运动的特点及分类

一、户外活动的基本特点(Basic features)

1. 以自然环境为运动场地,有回归自然,返璞归真的特征。

图 1－11

2. 户外活动无一例外地具有不同程度的挑战性和探险性。

3. 户外活动尤其强调团队精神。

4. 户外活动对身体、意志有全面的要求。

5. 户外运动是一门综合性的学科。

其中青少年户外运动应着重具备如下几个特点：

一是活动空间的自然性。青少年户外运动要在远离学校和课堂、远离城市、风景优美的自然环境中开展，使参与活动的青少年能够暂时远离课堂、学校的学习压力，远离城市的浮华和喧嚣，在接近自然的状态下进行体验和学习。

二是活动性质的实践性。与青少年在课堂教学中主要学习书本知识等间接经验不同，户外运动要求青少年主要通过亲自动手、亲身参与和实践完成各项活动，并按照自己参与活动的实践经验对活动的体会进行总结，获得来自亲身实践的直接经验。

三是参与人员的互动性。学校与课堂所进行的活动，青少年主要通过上课、作业等相对独立的行为完成，而户外运动需要由多名青少年组成一定的团队，以小组为单位开展具体活动，参与者以小组成员的身与小组其他成员一起起居、生活、游戏和学习，并在生活和活动的互动中熟悉并懂得成为团队一员的过程中规则、责任、理解和协同的重要性。

四是活动内容的综合性。青少年户外运动能够综合考察和锻炼青少年的身体素质、智力水平和协同合作的组织能力；在活动内容上，它既包括体能拓展等身体素质方面的锻炼，也包括野外物种、自然知识学习考察等知识方面的培养，还包括各类野外生存训练等多项生存、生活技能的培训与掌握。

二、户外活动的分类

按照开展户外运动的自然场地，可将户外运动分划为水上户外运动、空中户外运动和陆地户外运动三大类。目前，我国开展较广泛的主要是陆地户外运动。陆地户外运动是指在陆地区域(包括大陆和岛屿内)地面进行的户外活动，包括山地、海岛、荒漠、高原等。

(一) 空中项目(Air Project)：滑翔(有动力、无动力)、热气球、跳伞等。

图1－12　跳伞

图1－13　滑翔

（二）水上项目(Water Project)：漂流、扎筏、溯溪、泅渡等。

图1－14　溯溪

图1－15　漂流

（三）陆上项目(Land Project)：丛林穿越、登山、攀岩、露营、探洞等。

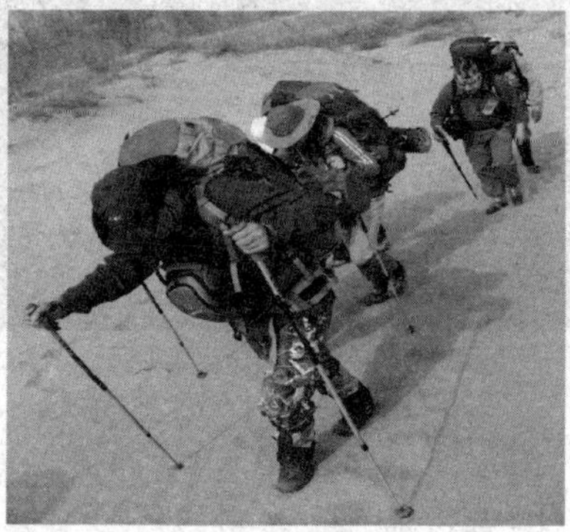

图1－16　野外徒走

图1－17　攀岩

(四) 综合项目(Integrated Project):野外生存、野外拓展、探险挑战赛等。

图 1-18　野外生存

图 1-19　野外拓展—梅花桩

根据地形,可以将户外运动划为几个系列:

(1)丛林(森林、雨林)系列(Jungle):包括定位与定向、丛林穿越、丛林宿营、丛林觅食、野外生存等项目。

图 1-20　丛林觅食

图 1-21　丛林穿越

(2)峡谷系列(Canyon):溯溪、溪降、搭索过涧、漂流等。

图1－22　搭索过涧

图1－23　溪降

(3)登山、攀岩系列(Mountaineering, Rock climbing):以登顶为目的的攀高运动及攀岩、岩降等(见后面章节)。

(4)荒漠系列(Desert):沙漠、戈壁以及低海拔大面积沼泽区域、无人区内展开的体育活动,如进行穿越、生存等项目。

图1－24　沙漠穿越

(5)高原探险运动系列(Plateau Adventure):指带有探险运动性质的各项活动,又分为高山探险系列:登山、高山滑雪等及高原探险系列:高原徒步、高原峡谷穿越、江河源头探险等。

图 1－25　高原徒步

图 1－26　高山滑雪

(6)水平运动(Horizontal movement):分借助器械和不借助器械两类。前者有自行车穿越、直排轮穿越等;后者如公路赛跑、公路徒步等。

图 1－27　定向越野

图 1－28　自行车穿越

(7)群体活动(Group activities):指群众性登山活动,一般是沿山间小径或山间人工道路的登高活动。

三、户外运动的价值

(一)健身价值(Fitness Value)

户外运动利用空气、阳光、水、河、湖、海、沙滩、田野等自然条件,并根据实际情况进行登山、攀岩、徒步、溯溪等项目的活动或比赛，这些项目能够有效地促进人的新陈代谢，提高身体抵抗力，能够充分提高人的力量、耐力、速度、灵敏、柔韧、协调、反应等素质，活动内容丰富多彩，可以根据个人的喜好，身体健康状况来有目的地选择进行锻炼。

图 1－29　山地自行车

(二)对于人心智的价值(The value for the human mind)

1. 陶冶情操、愉悦心情
2. 培养坚忍不拔、不断拼搏的精神和处事沉稳的性格
3. 增强团队意识，促进人际关系的和谐
4. 增强分析判断能力

图 1－30

(三)教育价值(Educational value)

户外运动作为一项新型运动项目已经进入高校教学当中,是一项倍受欢迎、极具教育价值的体育课程。它突出健身性、娱乐性、趣味性、终身性和实用性,符合素质教育的要求,现在正逐步被推广和快速发展起来,到2005年底,全国已有百余所高校相继开设了野外生存、攀岩、拓展、定向等户外活动相关课程。

(四)观赏价值(Ornamental value)

以惊险、刺激、竞争、激烈性特色的户外运动极具观赏价值。在自然的环境中,陡峭的岩壁,湍急的河流,荆棘的丛林等待人去挑战和征服,所以它赋予人们一种神秘的色彩,挑起观众观看的激情,各式各样的户外运动有极大满足了不同爱好、不同欣赏水平的人来观看。

图1－31

【小贴士】户外活动初学者注意事项

户外运动的无穷引力,缘于爱好者对大自然回归的渴望以及挑战极限、超越自我的体验心境。诚然,户外活动能欣赏到沿途美景,可严酷环境对参与者体力、经验、装备和团队意识等方面也存在考验。专业户外运动员在从事这项运动过程中都会出现不可预知的事故,所以初学者在从事户外这项刺激运动过程中需要学习必要的知识。

一、认清危险，树立安全意识

据相关组织机构调研表明，从户外人群参与活动属性看，国内大部分户外消费者近几年才开始参与户外运动。户外行业性管理机构“中国登山协会”办公室主任张博士也指出，中国这几年户外运动发展迅猛，在不到10年里，参与人员、项目、涉及的地区都在增多。面对这个变化，国内应对准备有些不足，比如缺乏相当的组织和准备，管理体制和机制没有很快制定出相应的管理法规。大众尤其是初学者对户外危险认识不足，正规培训机构不足。众所周知，客观危险包括雪崩、落石、雷击、低温、缺氧等这些自然危害，你要是赶上它们就是危险；要是避开了就是属于无关痛痒的自然现象，完全没有户外经验的人也能知道它的存在，但初学者往往对待这种现象的理解就不一样，他们经常会忽视此类危险，认为反正对自然客观危险没办法，还不如丢在脑后。

其实这就是有无经验最好的区别，有经验的人会合理的避开自然危害。一个户外爱好者成熟的标志是看他在户外行进过程中是否会感到害怕和懂得放弃。这里的害怕和胆小是完全不同的两个概念，害怕的时候，人就会懂得去谨慎、小心，防止任何危险的发生，所以，初入户外就必须认真对待，从学会“害怕”开始，尊重生命。

二、选择安全专业的户外装备

户外是一项对装备有专业性要求的运动，前期需投入一定经费。但很多初学者往往会轻视装备的重要性，认为平常生活中的服装与用具只要稍加改变，都可适用。殊不知户外用品的诞生和户外产业的发展有它必然的道理。举一个简单的例子：城市中穿着的运动鞋一般情况下不具备防水功能，如果穿着普通运动鞋到户外，就容易进水，给户外活动带来极大不便。

三、加入正规户外团体

中国登山协会认为，脱离旅游部门管理，脱离固定旅行路线的活动都应属于户外运动。按照类别，户外运动可分为没有探险性质（即类似旅游性

质，安全有保障，且去的地方危险性可预见可控制）和有探险性质两类。组织有探险性质类活动须具备两大前提：一是需由具有法人资格的组织发起，因为此类户外活动危险性难预见，一旦出现事故能找到承担责任的主体；二是须具备资质和资历的专业人员带队，即领队或者教练员，可以有效规避危险。

按照组织方式分，户外活动主要有亲友自发组织和通过网络召集两种形式，很多新手一般不会自己一个人独行，都会找户外运动俱乐部或者户外社团组织，此时团队组建往往就决定了该团队事故率发生的高低。专业户外俱乐部一般会有活动预案，线路都经过事先考察后确定，具备完善后勤保障和联络系统。相比之下，无责任的自发团体活动盲目性和随意性就很大，这类户外活动多不设领队、完全自助、所有费用 AA 制，出行路线大多是人迹罕至、风景迥异的地方，出现问题后，往往会造成各执一词等加剧户外运动风险。建议新手成长的佳径，就是找一些比较正规的团队加入，他们具备法人资格，内部建立了完善的管理机制拥有专业技术人员，会员对于权利和义务有清楚的认识，并得到当地体育部门认可。

第二章

登山运动(Mountaineering)

图 2－1

近年来,登山已成为一种相当普遍的体闲活动,甚至于形成一股热潮。什么是登山？为什么要去登山？我们认为,登山是人们为了实现某种目的,使用体力、技术和装备器具战胜艰难险阻到达顶峰,实现人与山的和谐统一的过程。随着登山活动的普及,山难已成为无法避免的事件。这种事件的发生,与登山的普及恰成正比,所以要求登山必须熟练掌握登山技术。登山技术就是科学制定登山计划、合理安排登山行程、熟练使用装备器材以保障登山过程安全、顺畅、舒适的手段和方法。

第一节　登山运动的产生和发展

一、登山运动的起源

体育运动产生的基础与渊源是人类的生活、生产劳动实践,登山也同样如此。世界各地有许多山,几乎所有国家都有山脉。有耸入云霄的喜马拉雅山,也有几百米的小山。长期生活在山上或靠山的地方的人通过上山砍柴、打猎、伐木及采摘野果、野菜、药材等,取得各种生活和生产资料。各个时期的人们都与“山”有着密切的联系,这些都是登山产生和发展的基础。为了登上顶峰,人们充分发挥自己的聪明才智。当登山专门技术和专门装备形成后,登山逐渐从旅行活动中分离出来,成为一个独立的体育运动项目。

图 2－2

登山被作为一项专门的体育运动,是在18世纪末期开始的,阿尔卑斯山是登山运动的诞生地。主峰——勃朗峰(在法国境内)海拔4810米,是西欧的第一高峰。据历史记载,法国德·索修尔的著名科学家为探索高山植物资源,渴望能有人帮他克服当时看来是不可逾越的险阻——登上阿尔卑斯山顶峰。他于1760年5月在阿尔斯卑山脚下的莎莫尼村贴出一则告示:“凡能登上或提供登上勃朗峰之巅路线者,将以重金奖赏”。然而,告示贴出后长期末获响应。此后,他每年出榜一次。直到26年后的1786年6月,一位名叫巴卡罗的山村医生揭下了告示.他经过两个多月的准备,并与当地山区水晶石采掘工人巴尔玛结伴,于8月6日首次登上了勃朗峰,随后1787年8月,由德·索修尔本人率领、巴尔玛做向导的一支20多人组成的登山队,再次登上了该峰,揭开了现代登山运动的序幕。在整个登山过程中,他们进行了有关人体生理、自然环境等多方面的考

图 2－3

图 2－4

察，取得了不少高山科学的宝贵资料。后来，人们把登山运动称为“阿尔卑斯运动”，把1786年作为登山运动的诞生年，德·索修尔、巴尔玛等人则成为世界登山运动的创始人，并得到了国际登山界的公认。

中国拥有举世无双的登山资源，世界上海拔8000米以上的山峰大部分位于中国境内或边境线上。自古以来，中国人就以各式各样的理由登山，很早便对高海拔的生存艰难有深切体会。

1953年5月，英国登山队队员希拉里和夏尔巴人丹增从南侧（尼泊尔）登上了珠穆朗玛峰。1956年3月，中国登山队组建。1960年5月25日，王富洲、贡布和屈银华登上世界最高峰，这是人类首次从珠峰北侧登顶成功。此后，逾百名中国人一次次续写亲近珠峰峰顶的历史。截至2007年7月，中国人以集体形式登顶了世界上全部海拔8000米以上的高峰。

在中国登山的历史上，也有多名勇士长眠于静默的冰雪世界里，将身躯融于自然。

图2-5

1957年6月13日，6名中国运动员登上了四川省甘孜藏族自治州海拔7590米的贡嘎山。这是中国登山队首次独立攀登海拔7500米以上的雪山。图2-5为在贡嘎山队员们用冰镐刨出台阶前进。

图 2-6

1959 年 7 月 2 日，中国男女混合登山队攀登位于新疆阿克陶县与塔什库尔干塔吉克自治县交界线上的慕士塔格峰。下午 6 点 20 分，33 名登山运动员集体登上了慕士塔格峰，创造了集体登上海拔 7500 米以上高山人数最多的世界纪录。图 2-6 为登山队员在深雪中结组前进。

图 2-7

中国登山队队员王富洲、贡布(藏族)、屈银华于 1960 年 5 月 25 日清晨

4 点 20 分(北京时间)成功登上世界最高峰珠穆朗玛峰。这是人类历史上第一次从北坡登上世界第一高峰。图 2－7 为登山队队员在海拔 7000 米以上的雪坡上前进。

图 2－8

中国登山队队员王富洲、贡布(藏族)、屈银华于 1960 年 5 月 25 日清晨 4 点 20 分(北京时间)成功登上世界最高峰珠穆朗玛峰。这是人类历史上第一次从北坡登上世界第一高峰。图 2－8 为登山队员们在东绒布冰川区的冰塔旁休息。

图 2－9

中国登山队队员王富洲、贡布(藏族)、屈银华于 1960 年 5 月 25 日清晨

4点20分(北京时间)成功登上世界最高峰珠穆朗玛峰。这是人类历史上第一次从北坡登上世界第一高峰。图2－9为1960年6月7日,人们在拉萨用鲜花欢迎登顶凯旋的王富洲(右)、贡布(中)和屈银华。

图2－10

1964年5月2日,中国登山队首次登上西藏聂拉木县境内海拔8012米的希夏邦马峰峰顶。图2－10为登山队队员在海拔6300米处建立营地。

图2－11

1964 年 5 月 2 日,中国登山队首次登上西藏聂拉木县境内海拔 8012 米的希夏邦马峰峰顶。图 2－11 为大本营的人员准备将罐头和其它食品运往山上。

图 2－12

1964 年 5 月 2 日,中国登山队首次登上西藏聂拉木县境内海拔 8012 米的希夏邦马峰峰顶。图 2－12 为中国登山队在希夏邦玛峰峰顶展示五星红旗。

图 2－13

图 2－13 为 1964 年 5 月,中国登山队科学考察队工作者施雅风(中)等

跨过危险的冰桥，到希夏邦马峰的冰塔区进行考察。这一年，科学考察队在希夏邦马峰和附近地区进行科考活动。考察的主要内容包括冰川、地质、地貌、测绘、气象和高山生理等各个方面。

图 2－14

1975 年 5 月 27 日 14 时 30 分，中国登山队女队员潘多和其他 8 名男队友从北坡登上世界最高峰，珠穆朗玛峰峰顶。这是女性登山者首次从北坡登上珠峰峰顶。图 2－14 为中国登山队副队长、藏族女运动员潘多(左四)从珠穆朗玛峰顶峰返抵大本营。

图 2－15

1975 年 6 月，我国科学工作者在中国登山队的配合下，在珠穆朗玛峰地区进行了一次科学考察活动。图 2 - 15 为研究大气物理的科学工作者进行气象梯度观测。

图 2 - 16

1985 年 5 月 11 日，登上卓奥友峰的 9 名藏族登山队员返回拉萨。卓奥友峰又称“乔乌雅峰”，海拔 8201 米，位于东经 86.6 度、北纬 28 度的中国、尼泊尔两国边界上。

图 2 - 17

1985 年 10 月 21 日,中美联合登山队的 5 名中方队员登上了昆仑山脉的木孜塔格峰。木孜塔格峰又名乌拉格,海拔 6973 米,位于我国藏北高原及新疆阿尔金山自然保护区交界处。图 2－17 为 1985 年 10 月 4 日,中、美联合登山队举行升旗仪式。

图 2－18

1988 年 5 月 5 日下午,中国、日本、尼泊尔三国联合登山队队员在珠穆朗玛峰峰顶相会,然后北上队员南下,南上队员北下。这是人类首次从北、南两侧跨越珠峰获得成功。图 2－18 为从南侧登顶的中方队仁青平措(右)和大次仁在珠峰之巅展开一面五星红旗。

图 2－19

1988 年 5 月 5 日，中国登山队员次仁多吉从珠穆朗玛峰北侧登上峰顶。他在珠峰峰顶逗留了 99 分钟，创造了逗留时间最长的纪录。图 2－19 为次仁多吉(右)1999 年的资料照片。

图 2－20

1988 年 12 月 2 日凌晨，中美联合登山科学考察队中的中国登山队员李致新和王勇峰成功登上南极最高峰，海拔 5140 米的文森峰，仅用时 7 小时 02 分，创造了最短时间攀登此峰的纪录。图 2－20 为当时资料照片。

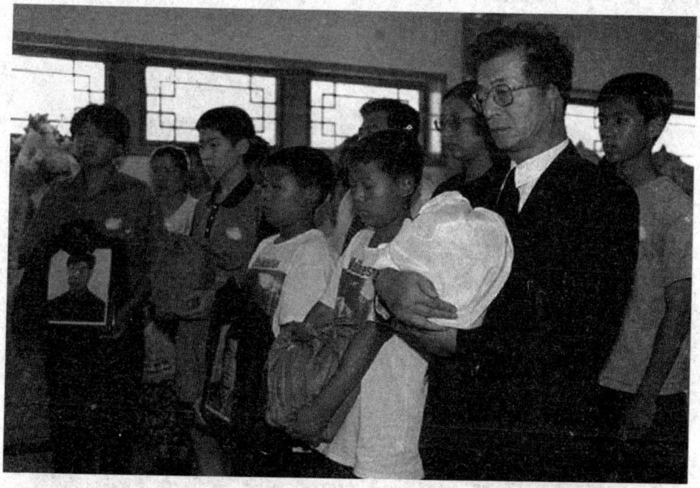

图 2－21

1991 年 1 月，17 名中日登山队员在攀登云南省德钦县梅里雪山途中于海拔 5000 米处遇难。1998 年 8 月 11 日，遇难登山队员的骨灰由云南运抵北京。图 2－21 为日本京都大学学生山岳会负责人岩坪五郎(前右)及中方遇难队员家属代表将骨灰安放在北京万佛陵园。

图 2－22

图 2－22 为，1996 年 6 月 5 日，80 多名志愿者云集珠峰脚下海拔 5200 米的登山大本营，开展“清洁珠峰”环保活动。36 年前首次从北坡登上珠峰峰顶的王富州(右二)、屈银华(右三)和贡布(左一)相聚珠峰脚下，清理大本营的垃圾。

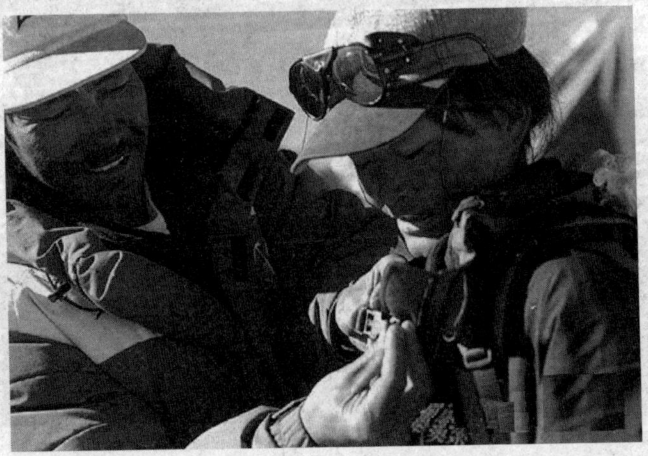

图 2－23

2005年5月27日,西藏登山探险队一行11人前往巴基斯坦北部,在准备攀登喀喇昆仑山区迦舒布鲁姆I峰途中路遇滚石,主力队员仁那受重伤,经抢救无效不幸遇难。仁那和吉吉夫妇曾于1999年同时登顶珠峰,成为中国第一对同时登上珠峰的夫妻。图2-23为1999年6月17日,仁那(左)帮妻子吉吉检查行装。

图2-24

夏尔巴人生活在喜马拉雅山南麓高海拔地区,耐高寒缺氧,身体健壮,热爱登山,懂尼泊尔语、藏语、英语等多种语言,因此世界各地的攀登珠峰者都喜欢聘请夏尔巴人担任高山协作人员。

图2-25

2005年5月19日,中国测绘队员和登山队员从珠峰海拔6500米向海拔7028米的营地攀登。2005年10月9日,国家测绘局宣布,珠穆朗玛峰新高度为8844.43米。

图2-26

2008年5月8日9时17分,奥运火炬登上了世界最高峰,珠穆朗玛峰峰顶,实现了奥运火炬登上地球之巅的人类梦想,它是奥运史上一次空前壮举。图2-26是登山队员在峰顶展示中国国旗、奥运五环旗和北京奥运会会徽旗。

【小贴士】:

据世界知名百科网站维基百科报道,最近的调查表明,原来1953年5月29日陪同埃德蒙·希拉里首登珠峰的夏尔巴向导丹增·诺尔盖出生在西藏,是藏族人。丹增·诺尔盖出生在珠峰东侧康雄谷地的一个藏族牧民家庭,靠放牧牦牛为生。但是一场疾病使得家中的牦牛全部死亡,全家陷入了贫困之中,为了生活不得以下,丹增·诺尔盖得父亲将丹增抵押给你了尼泊尔边境小镇的一家夏尔巴人做契约佣工。

图2-27 丹增·诺尔盖

二、登山分类

根据登山的难度、高度及是否使用登山装备，通常将登山运动分为高山探险登山、竞技登山运动、攀岩运动和普通登山运动四大项。

(一)高山探险登山(Alpine Mountaineering Expedition)

高山探险登山是登山者在各种登山技术装备的辅助下，经受各种恶劣自然条件的考验，以攀登高峰(一般指雪线以上的山峰)峰顶为目的的登山活动。高山探险登山对登山者(通常是训练有素的专业登山运动员)有较高的要求：首先，登山者必须具有良好的身体素质、坚强的意志和对各种恶劣自然条件的高度适应能力；其次，登山者还应具备一定的科学技术知识，能运用各种登山技术装备，排除各种险情，进行行军、露营和炊事，还应学会使用通信、摄影、气象和科研等器材。另外，登山者还要有能结合相应专业进行综合科学考察的能力。

图 2－28

(二)竞技登山运动(Athletic mountaineering)

竞技登山运动又称技术登山，是一种运用熟练的攀登技术和各种技术装备，专门攀登悬崖或冰壁的登山活动。目前，在攀登技术上有两种不同风格类型：一种是力量型，一种是技术型。两种类型平分秋色，但技术型更具魅力，有人将技术登山称为“高山上的芭蕾”。

图 2－29

(三)攀岩运动(Climbing)

攀岩运动是是一项不用攀登工具,仅依靠手脚和身体的平衡攀登陡峭岩壁或人造岩壁的竞技性运动项目。通俗来讲,攀岩运动就是在岩壁上比赛攀登本领的一项活动。

根据竞赛规程,攀岩比赛可以分为“难度攀岩”(即比攀登的高度、技巧)及“速度攀岩”(比赛攀上陡壁的速度)两种。

(四)普通登山活动(General mountaineering)

是与旅游和群众性体育活动相结合,组织一些难度较低、装备条件要求简单的登山活动和攀岩比赛。普通登山活动有两种:旅游登山和定向登山比赛。

(五)定向登山(Directional Mountain)

它在欧洲、日本等国开展得较为普及。通常要事先选定一座山峰,攀登难度不宜太大,以登顶为目标,将参加比赛的登山者分为若干个结组,从一个出发点同时出发,按事先规定的路线越过草坡、山间河流或小溪(难度稍大时还会有冰雪被),选择宿营地点,攀登岩石峭壁等,登上顶峰后下山返回原出发地点或指定地点。在线路上,每一段特殊地形,如汉河点、峭壁、宿营地等处,都设有裁判员。裁判员对各组通过特殊地形时的路线选择、通过方式、技术装备的使用、攀登技术的运用、宿营地点(地点选择是否安全、生活方便与否、帐篷搭设是否合理等)的选择进行评定。

第二节　登山装备

登山用具,依攀登的难易程度和季节,以及登山者本身的经验、能力而有所不同。登山装备必须配合登山者的使用能力才能发挥作用。所以,即使有充分的装备,如果没有应用装备的优良技术,这些装备也等于零。

装备首先要注重实用,其次要遵循量轻、体小、耐久、方便等原则。操作困难、使用不便或容易损坏的用具,不适宜剧烈的活动。另外,漂亮的服装,若过重或体积太大,不易置于背包内,则不如携带羽毛制品之类的轻便衣着,比较方便。个人的登山装备,必须符合轻便灵活的条件,才能达到安全的目的。登山用具讲究实用而非外观,尤其是防水、防潮、保温等功能,必须要确定耐用程度。所以每个人在整理装备时,都要设想得十分周到。

图 2－30

一、服饰(Clothing)

图 2－31　防风雨层

图 2－32　保暖层

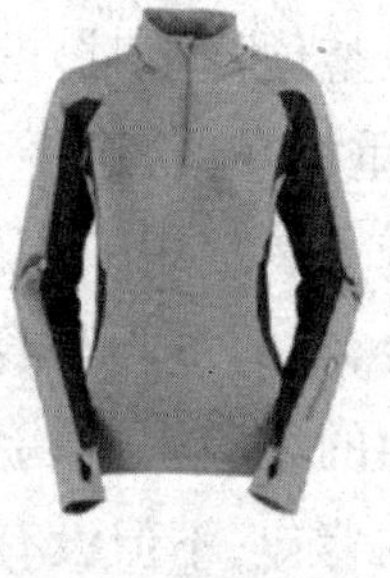

图 2－33　排汗层

初次登山的人,首先考虑到的就是服装问题。服装往往是一种关系着生命安危的登山装备,在选择登山服装的时候,不仅在外表上赶时髦、求新颖,更要以生命的安全为第一要素。正确的衣着应以轻暖舒适及方便活动为标准。为了应付山上的天气变化确实达到保温的目的,应以多层穿衣法为佳,包括内衣、有领长袖衬衫、御寒衣物、风雨衣等。主要可分 3 层:排汗层、保暖层、防风雨层。

在个人装备中,雨具、帽子和手套是很重要的,夏天的帽子可以防晒,冬天的毛帽则防寒。

二、脚部装备(Foot equipment)

通常我们登山时一般要穿正式的登山鞋。但郊区登山时,穿运动鞋更为方便。选购登山鞋时应以舒服、实用、适合自己的脚及登山路线为准。

图 2-34

三、背包(Backpack)

整理背包时,携带品最好先分类,装包时最好轻物在下,重物在上,这样背包里才不会有空隙。背包外的两个小袋子装常用或当天必须要用的物品。背包与背部必须密合,它的重心与身体重心要在同一条线上,要按照个人登山的经验来选购背包,一天两天的短程登山,带个特大型的背包,不但没有什么必要,也会造成行进时的困扰。

图 2-35

四、其他登山用品

水壶、照明灯、刀、求生盒等都是一些必备的用品，求生盒应为一个金属容器，并且防水、不易变形，必要时还可当炊具煮台。里面应备有一些细绳、铁线、求生卡、暖暖包、火种、打火机、针线包、哨子、蜡烛等。以及较小且零散的求生用品或修补用品。

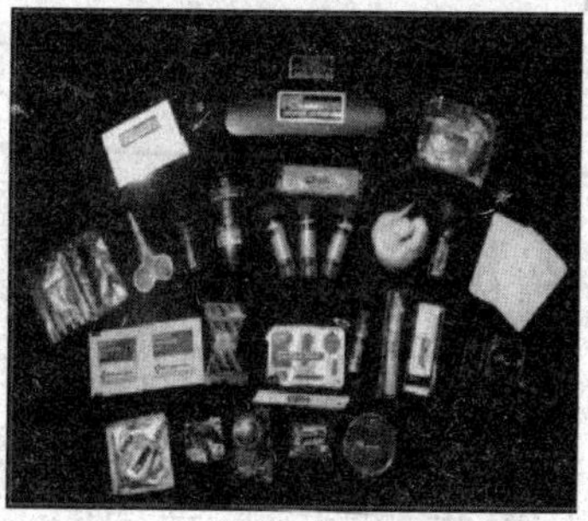

图 2－36

五、冰镐(Ice ax)

图 2－37

冰镐不仅是一种登山用具，同时也是一名登山者的象征。初学者夏天登山时，有上述的装备已经足够了。冰镐在这时没有什么用途。大部分登山者之所以喜欢随身携带，大概是因为追求脚踏登山鞋、手持冰镐而透出的那种雄壮气概。这和武士带刀的心情，实有异曲同工之处。

冰镐是雪地攀登的重要装备。它的功能包括：

1. 保持身体在冰雪地上的平衡。
2. 掘阶梯。
3. 帮助登山者在冰雹、雪溪上步行，并控制身体防止滑落。

图 2－38　冰镐

选购冰镐时，首先要注意金属尖端部分是否锋利，形状、强度是否平均。柄长以到腰部附近最适当，较易转动。要注意金属部分有无缺口，柄部与金属接触是否良好，柄部的粗细是否适中。

六、冰爪(Crampon)

除了在雪地、冰地外,其他地方绝对用不着它,是属于中级登山者的装备,初学登山者,作为一般了解即可。

一般说来,以 8 爪以上的冰爪较好。冰爪由前、后面部分构成,中央有铁环连接。爪的长度依季节与雪质而有不同,大概在 20 ~ 30 厘米。使用冰爪,有下列 4 个条件:

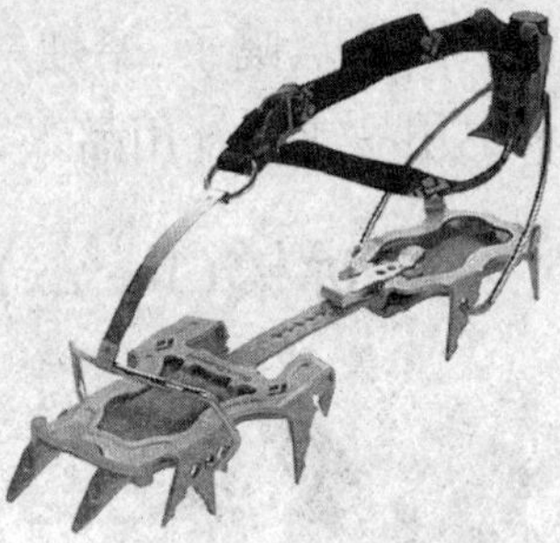

图 2 - 39

1. 冰爪要像冰镐一样,可以完全钉人冰雪。

2. 冰爪与登山鞋两边要密合,鞋底与爪中央铁环连接处,应避免冰雪积存。

3. 穿好冰爪后,脚的前后必须能活动自如。

4. 要坚固、轻便、易于穿脱。

【小贴士】

高山个人装备检查表

	大背包、大背包套	地图、指北针
	小背包	急救包(医药箱)
	登山鞋(含绑腿)、凉鞋	求生盒
	内、外袜(含备用)	瑞士刀或山刀
	睡袋、露宿袋、睡垫	外帐(含若干细绳)
	排汗内衣裤(一套为备用)	头灯(含备用灯泡、电池)
	长袖外衣裤(一套为备用)	洗漱用品
	风衣、帽子、头巾	个人餐具、卫生纸
	御寒衣物	生火工具
	两截式雨衣	大垃圾袋
	水壶货保温瓶	棉质工作手套
	个人行为食品	笔记本、笔

高山团体装备检查表

	营帐		高度计
	营灯(含燃料)		路标、电工胶布
	炉具(含燃料)		山刀、锯子
	炊具及清洁用品		收音机
	水袋		勾环、伞带及登山绳
	保温瓶		团体医药箱
	通讯器材		团体食品(含备用食品)
	闹钟		

七、帐篷(Tents)

帐篷必须具备以下的条件：

1. 排水性良好；

2. 防雨性良好；

3. 居住性良好。

帐篷的形式、大小,要依攀登目标、季节、登山方法以及人数来决定。屋型帐篷是最具代表性的帐篷形式,依大小分为4人和6人帐。一个船型帐篷,通气孔的位置并不固定,但以在上端较好,若帐篷两侧也有几个小通气孔,则空气会更流通。大型帐篷中以此圆型帐篷为多,这种帐逢所受的风力比屋型大,所以应该多准备强力而有韧性的绳子。

图2－40　半圆型和屋型帐篷

八、登山寝具(Mountain Bedding)

露营用具中帐篷最重要,其次是寝具,属于个人装备。

(一)睡袋(Sleeping)

要获得品质良好的睡眠,睡袋扮演着极重要的角色。

睡袋的保暖性主要取决于填充材料的膨胀力、隔间方式及睡袋形状。依填充材料分类,主要有羽绒、人造纤维和棉质睡袋等。睡袋的形状有方形、蛹形、人形3种。

图2-41　方形睡袋

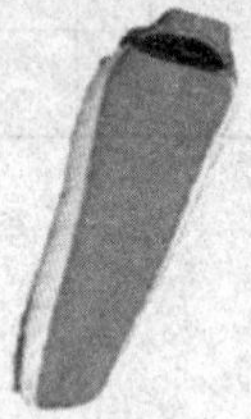

图2-42　蛹形睡袋

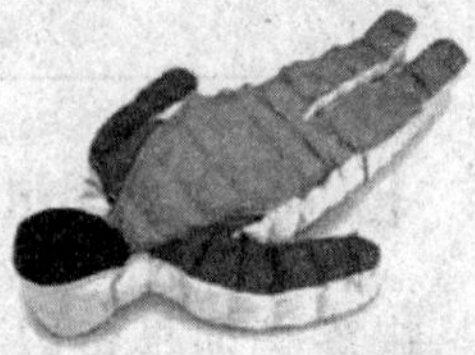

图2-43　人形睡袋

另外,长期压缩会降低睡袋填充材料的膨胀性,因此不论哪一种睡袋,在储存时都应使它自由膨胀,不可长期压缩在袋于里。

(二)睡垫(Sleeping pad)

睡垫可以补救睡袋底层所失去的绝缘厚度,隔绝地表的辐射冷却,也可让不够平整的营地稍微改善躺废旧的舒适度。依材质来分,常见的睡垫有锡箔、泡棉和充气睡垫3种;依长度分则有全身及半身两种。

图2-44

九、炊事用具(Cooking utensils)

登山所需携带的食物与炊事用具,要视登山性质、人数、天数等方面来决定。市场上出售的质量好的快餐品、面包、饼干等有很多,一天行程的小山,带这些食物即可,不需携带炊事用具。

炊事用具可分为炉具和锅具两大类。

(一)炉具(Stove)

炊事用具中,炉具是最重要的。它可以支配人们在山上吃的生活,所以不能忽视它。其他的炊事用具都可用代替品,惟独炉具与燃料是必备的用具。在禁止烧柴的山林里,只能使用炉具。在冬季山中炉具等于是取暖器。

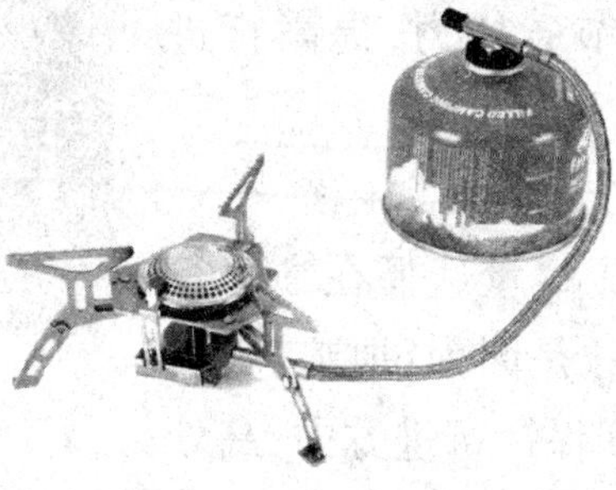

图2-45

(二)锅具(Pots and pans)

野外用的锅具各式各样,在选择上除了应考虑使用人数及与炉具的种类相配合外,也应满足方便使用与携带容易的要求。目前常见的锅具是由大小几个圆形锅、餐盘和碗组合而成圆形套锅组合。

图2-46

第三节　登山技术

登山是朝着目标山峰一步一步地行进和攀登的过程,从攀登高山的整个过程来看,在登山实践中,可分为行军、休息(短时)和露营(长时)三大部分。

一、行军(March)

(一)行军原则

1. 必须了解山区的地理和气候状况

可避免迷失方向,节省体力,提高行进速度。

图 2-47

2. 坚持走梁不走沟,走纵而不走横

如果不得不越野,应尽量选择在高处行进,避免在低处行进。这是因为:地势高,展望好,便于确定站立点和保持行进方向;高处通风、干燥,荆棘、杂草、虫害及其他危险少。

图 2-48

3. 行军时要注意控制行进的节奏与速度

行走节奏以呼吸频率为准,步调与呼吸合拍。如果步调比呼吸快,就会使人感到难受,并且很快就容易疲劳,如果上气不接下气,就要放慢步速或稍微停留一下,以调整呼吸。无论下山还是上山,行进的速度要因人而界,太快或太慢都会造成疲劳。

4. 大步走的原则

可以节省很多体力。在行进过程中,登山者应脚掌着地,尽量不用脚蹬,腰要稍弯,上体稍前倾,身体重心要随着落地脚的支撑而左右摆动,切忌用脚尖行走,以防踢落滚石造成危险。

图 2-49

5. 体力分配原则

在行军过程中,体力分配通常是登山时用1/3,下山用1/3,留下的1/3余力,只有这样才能保持精力旺盛,使持续行走时少发生意外事故。

6. 行军组队原则

在行军时通常要采用一定的组队方式:走在员前面的是富有经验的领队,应准确地掌握步调和路线,按计划率领队伍前进。第二三位置是组队行军时的最佳位置,应让给缺乏经验的、体力较弱或负荷较重的队员。领队应处在能掌握全队的位置。如果队伍人数较多,可编成5~6人一组的小队。小队的组编,应以不影响到达目的地后帐篷搭设、营地建设和炊事工作为原则。

图 2-50

(二)行军技术(March Technology)

步行法的好坏是很重要的。熟练的登山者有其独特的步行技术:保持身体平衡,步伐节奏适中,随时调节呼吸。

1. 上山步行法(Walking up the hill method)

上山步行法与平地步行法基本上没有太大的区别,但上山却比走平地耗费体力。因此,需考虑各种条件,如登山者本身的身体状况、登山时的气象条件、团体及个人能力与装备等。

图 2-51

开始登高时,需特别注意的是步伐不要太快。不习惯走山路的人,正确的步行法是要将脚适度抬起,尽量节省体力,再配合手臂的摆动,及肩、腰的平衡,不急不慢地往上爬,并调整好自己的呼吸。

(1)直线攀登法

直线攀登法适用于攀登坡度在30度以下的山坡。上升时身体稍向前倾,全脚掌着地,两膝弯曲,两脚呈八字,迈步不要过大过快。

(2)“之”形攀登法

当攀登坡度大于30度的山坡时,以减少直线攀登时的难度和滑坠的危险。“之”形攀登法是指按照“之”形的路线左右斜越、盘旋而上的攀登方法。采用这种方法攀登时,腿微微弯曲,上体前倾;内侧脚脚尖向前,全脚掌着地(主要用脚外侧蹬地),外侧脚脚尖稍向外撇(主要用脚跟蹬地)。在行进中如不小心滑倒时,不要惊慌失措,要立即面向山坡,张开两臂,伸直两腿(足尖翘起),使身体的重心尽量上移.从而减低滑行的速度。同时要设法在滑行时寻找攀缘物和支撑物以阻止下滑。

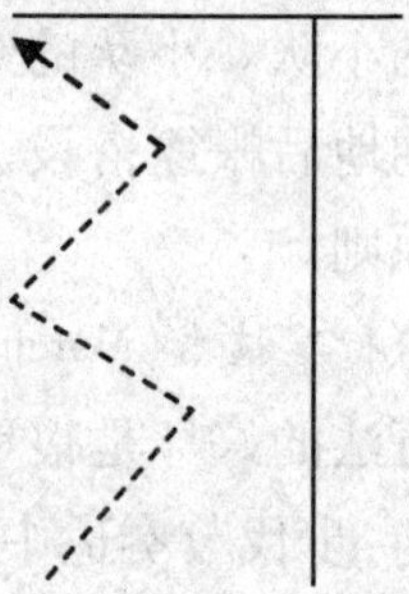

“之”形攀登法线路图

图2-52

2. 下山步行法(Walking down the Law)

图2-53

下山时使用的能量较少，几乎和平地行走差不多。但是，下山发生意外的情形却比上山时要多。行走时应随时看清前面路的状况，做好脚步应踏在哪里的判断。切勿一味地向下冲，这样不仅容易滑倒，脚跟和膝关节也容易疼痛，下山时越是陡坡越要慢行。

3. 山脉棱线步行法(Mountain ridge line, walking France)

一般所说的登山大多是走地山脉棱线，是登山活动中最常见的。但山的棱线却有各种不同的形态。不长一草一木的岩石构成的棱线，也有被茂密的原始森林掩盖的棱线。山的棱线大都有小径，如果没有就是从未有人登过的山。

走棱线迷路时，一定要沉着冷静，尤其天晚雾浓更应慎重行事。雾气越大越要沉着，仔细观察四周后再前进，以免走错路而消耗体力。

(三) 穿林技术(Technology through the woods)

登山者穿过丛林时，应特别注意两点：一是方向，二是联系。尤其是在穿越不熟悉的山林时，应带上指南针，最好请熟悉该地区的人作向导；还应携带简易的无线电通信设备，加强通信联络工作。另外，不要把登山队伍拉得太长、太涣散，以免和指挥中心失去联系。

图 2－54

个人在穿林和通过高草时，最好穿长袖衣和长裤，这样可避免和减少草木的枝杈刺伤或划破皮肤以及防止蚊虫叮咬。在通过藤蔓竹草交织的丛林时，要常常使用砍刀开路行进。对于草深而密的茅草丛地，用刀开路时的方法是："不过头，两边分，从中走；不见天，吹个洞，往里钻"。

(四)渡河技术(Crossing technique)

在登山过程中，还会遇到各种各样的河流，有的缓慢而过，清澈见底，有的则是水深湍急。由于山间地形复杂，再加上天气变化无常，河水的流速和水位也变化不定。这就要求我们在涉水渡河时首先要对河流进行实地考察，了解河流的深浅、流速及河底的结构，仔细观察后，再确定渡河的地点和方法。

山间河流通常是水流湍急的,水温低,河冰坎坷不平,水性变化大。因此,遇上河流时不要鲁莽从事,草率入水,在仔细观察确定渡河的路线和方法后方可下水。渡河时,应尽量选择水流不太急和河水较浅、水流平缓、无暗流和漩涡的地方。过河时,最好穿鞋以免河底尖石划破脚,同时也可更好地保持平衡。

1. 单人渡河法(Single crossing)

单人渡河时,可用一根长棍(或帐篷杆、竹竿等),撑着河底渡河。木棍的支点(与两脚一起形成3 个支点)要在水的上游一侧。两脚交替移动时,身体微向上游倾斜,依靠木棍的支点,两脚站稳后再移动木棍。出脚时不要太快、太高、太大,要固定两个支点后再移动另一个支点。如水流较急时,可在腰间系上保护绳,另一人站在岸上保护,在水中摔倒或被水冲倒时,有保护可避免危险。

2. 两人渡河法(Two crossing)

两人对面站立,双手相互搭在肩上两人步调必须一致。如图2 -55:

图2 -55　两人渡河

图2—56　三人渡河

3. 多人渡河法(People crossing)

如渡河人数很多时,则可采用3 ~5 人——组队“墙式”渡河法。几个人站成一列横队,相互搭着肩膀面向对岸前进。还可采用“轮状”渡河法,即四五个人围成一个圆圈,相互搭着肩膀,朝着水流方向像车轮一样地转动。

图 2－57　多人渡河

二、休息(Rest)

休息是为了恢复体力,同时也可进行行装调整、喝水及进餐。为了确定攀登者所在的位置和辨认周围的地形,也可做短暂的停留。在休息时,应注意以下几点:

(一) 休息时间的掌握

开始行进 20～30 分钟后,为了调整行装、整理鞋袜、增减衣物等可以进行第一次休息。以后每行进 50～60 分钟休息一次,每次休息 5～10 分钟。休息时要使身体充分放松。

图 2－58

(二) 短暂的休息

登山途中的短暂休息,是为了调整呼吸,解除疲乏,恢复体力。只需手拄登山杖、弯曲上身,将上体重量移到登山杖上,便可使肩部和腰部得到暂时的放松。但一定注意要将登山杖拄稳了,不能打滑,否则便不安全。

(三) 较长时间休息活动的安排

在行军途中有时要做较长时间的休息,以便较好地恢复体力和进餐。这时可先做做体操运动,以放松僵直的身体,然后再进行其他项目和进餐。

出于消化功能减退，进餐可分几次完成。在行军途中要注意补充一定的糖分。休息场所通常选择在景致好且安全的地方。垃圾要随时集中起来进行处理，防止污染环境。

图 2—59　短暂的休息

图 2—60　较长时间休息

【小贴士】

三位登山家对阿尔卑斯攀登的评价

“在阿尔卑斯环境里面，有两种不同的危险，第一是在路在线的危险——天险，像落石、不良岩质、冰河裂隙、坠落的雪桥、冰雹、冰崖以及雪崩，坏天气加上大风、大雾、大雷雨等等。

再来是攀登者个人的危险——人险，譬如他的能力以及他的判断力，对阿尔卑斯冬季来说，每人需要有严格的训练，除了在攀岩和攀冰上所做的训练之外，攀登者必须要纳入长距离的肺活量训练，意思就是说一整天运动量最少在 6 ~ 8 小时……在上路线之前，最好先研究一下天气状况，尤其是最近的 24 ~ 48 小时。”

——《极限阿尔卑斯 1999》马克·图莱特。

“当登山家到喜马拉雅山脉时，攀登路线开始变得更复杂，以及在后勤上需要更多的资源补足。所以之前所习惯的技术，也就是说，一离开地面开始，除了你能够背的之外，不带多余的东西。并且利用自己跟其他绳伴的技巧上去，除了对高手之外，这种方式没有办法在喜马拉雅山方面进行，所以已经架好的每一个固定点，后续营，多余的氧气，以及夏尔巴的资源，开始变成这边的常态方式。现在的变化，看到许多人用大岩壁的方式来爬高山的墙，譬如说架固定绳，利用活动的吊床，以及吊上百千克的装备，上去墙壁。我们需要看到的是攀登者利用最少的装备，爬他们能够爬最难的路线。”

——梅思纳尔 2001 年的新书《大岩壁，从艾克北壁到喜玛拉雅》

“决心能够带一个攀登者去他所要去的地方，然后活着回来。”

——Gaston Rebuffat 首位成功攀登欧洲六大北壁者。

第三章

攀岩运动(Rock climbing)

攀岩运动是一项集智力、体力、技术为一体的体育活动。它不仅仅是一项富有冒险精神的专业运动员的体育项目,任何喜爱户外运动的人们都可以去感受其独特的运动魅力,是大多数青少年朋友喜欢的极限运动之一。本章将简述攀岩运动的基本理论,讲述攀岩运动需要准备的器材设备以及攀岩的基本技术。

第一节 攀岩运动的基本理论

一、攀岩运动的起源与发展

攀岩运动作为一项体育项目起源于20世纪50年代的欧洲,是以攀登自然岩壁为主,1947年举行首届世界杯攀岩比赛。到20世纪60年代末得到迅速发展。这期间举行了各种形式的攀岩赛事,仍是以自然岩壁为主,因此受场地、天气、交通等因素的制约。直到1985年法国人弗兰西斯·沙威格尼发明了可以自由装卸的仿自然岩壁的人工合成岩壁。主要由合成树脂、沙子、石头、玻璃纤维和其他原料混合制成了岩壁和支点,实现了人们要把自然中的岩壁搬到城区的梦想。

图3－1

由于攀岩与运动的特殊意义，在国外深受青少年朋友的喜爱，由此得到了快速的发展和普及。在美国攀岩运动是所有学生和军人必修的训练课程，对很多喜爱攀岩运动的人来说，攀岩已经成为了一种生活方式。

在我国攀岩运动开展于1987年。在国际登山运动发展的大趋势下，我国登山协会派出8名教练员、运动员到日本长野进行系统学习攀岩技术，此后攀岩运动在我国逐步发展起来。虽比欧洲晚了将近30年，但我国的悬崖峭壁较多，很适合开展攀岩活动，现在已经在全国范围内得到了大规模推广和发展。群众基础比较雄厚，参与的人数越来越多，范围越来越广，年龄也不仅仅局限于青少年学生，前景十分可喜。

图3－2

1987年在北京怀柔大水裕水库自然岩壁举行第一场全国攀岩大赛。1990年在怀柔登山训练基地举行第一次全国人工岩壁比赛。1993年在长春举行第一届全国攀岩锦标赛，以后每年举行一次。1995年国家体育总局将攀岩比赛列为正式比赛项目。1993年、1999年我国承办了两届亚洲攀岩锦标赛，2000年第二届亚洲青年攀岩锦标赛，2001年首届亚洲杯攀岩比赛。这些成功的大型赛事促进了我国攀岩运动的发展水平，同时也提高了我国攀岩运动在亚洲和世界的地位。随着全民健身运动的开展，近两年来，我国的攀岩运动与普通登山活动相结合，在群众中也得到了广泛开展。

二、攀岩运动的概念

攀岩运动是攀登者借助于技术装备和同伴的保护，能够在不同的高度和角度的岩壁上，在有限的时间内选择自己认为最佳的、最合理的线路上准确地完成腾挪、转体、蹿跳、引体等惊险的技术动作，依靠自身顽强的意志、体力和思维能力，直至完成整条路线的攀登。

图3－3

攀岩运动是一项智力与体力并重的运动，只

有脑力与体力协调配合才能取得期望的理想成绩。根据自己能力选择线路攀登是极为独特而令人兴奋刺激的经历,每一次感受都不相同。它在攀登能力和技术动作方面要求很高,但攀岩运动不仅仅是一项富有冒险的专业运动员的体育项目,任何喜爱户外运动的人都可以去感受攀岩运动的魅力。它的技巧较易掌握,是大多数青少年朋友喜爱的极限运动之一。

三、攀岩运动的基本原则

适用于各种方式的攀岩

1. 手脚协调统一,平稳的移动;
2. 平衡性、灵活性、柔韧性比你使蛮劲更有用;
3. 保持身体重心平衡;
4. 耐力比肌肉能力更重要;
5. 保持能量,将支力作用在脚上而不是靠手臂的支撑去实现攀登;
6. 达到最好的效果是合理运用耐力,减少不必要的能量消耗
7. 最后,放松是重要的。

四、攀岩的分类

从不同角度可以将攀岩运动分成不同的类型:

按使用器械方式分为:竞技攀登、自由攀登、器械攀登、无保护攀登等。

图 3－4　竞赛攀岩

图 3－5　器械攀岩

图 3－6　徒手攀岩

按保护的方式分为：先锋攀登、顶绳攀登。

图 3－7　先锋攀登

图 3－8　顶绳攀登

按运动场分为：人工场地攀登和自然场地攀登。

图 3－9　人工场地攀登

图 3－10　自然场地攀登

按攀岩比赛的组织形式分：

1. 个人单攀岩：又分男子单人和女子单人攀登。

2. 双人结组攀岩：每组 2 人结组进行攀登，路线由裁判员选好指定。与单人攀登赛不同的是两人必须结组进行攀登。除比赛攀登技术和速度外，还要比赛互相保护的技术。

3. 自选路线霸岩：主要是运动员自己选择登上岩壁顶部和下降的路线。这种比赛不仅比攀登技术和攀登速度，同时还比路线选择的好坏。

4. 集体(小队攀岩):这种比赛与正规登山活动一样,参加者事先编好小队(4～6人),背负全套登山装备(睡袋、帐篷、炊具、保护器材、绳索、冰镐等),通过事先指定的路线,按指定地点搭设和拆除帐篷,途中交替保护。其比赛内容包括攀登技术、小队战术、保护技术、通过全部路线的时间等。这个项目也可进行小队自选路线攀登。

图3-11

第二节　攀岩运动的器材设备

攀岩的装备主要有两种用途:一是用来保证此项运动的安全,另一类则为了让攀登者的表现更出色。前者包括主绳、安全带、铁锁、快挂、保护器、扁带、岩石塞、岩钉、膨胀钉、挂片、冲击钻、抱石垫、头盔等,后一类较简洁,主要有攀岩鞋、镁粉袋等。

图3-12

一、主绳(Ropes)

冲坠是攀岩过程中最直接的危险来源，主绳是解决这一危险最主要的手段。主绳为攀登者与保护者之间建立起一种可靠的远程连接，或为操作者提供安全的平衡过度。它的主要作用是当攀登者无论任何原因坠落时，都能保护好攀登者。

图3－13　主绳

二、安全带(Belt)

穿在攀登者身上，承载因攀登者脱落或下降而产生的重量和冲力。安全带的腰带为受力部分，其余腿带等则为了舒适、便利而设计。选择安全带应考虑个人体形或体重，选用相配的型号。因为安全带样式不同，安全带的系配方法也相应不同。为了安全，使用安全带之前，应认真阅读使用说明书，按照说明书的方法去做。系好后检查两遍方可开始运动，如有问题立即告诉同伴。

图3－14　安全带

三、8 字环(8 characters ring)

我们一般是用来做下降式保护,但是制动力稍差,所以有些人不建议它来保护先锋攀登者。至于要增加其制动力的保护方式,应该将绳索穿过8字环中较小的那个环,然后再连接绳索至保险铁锁。

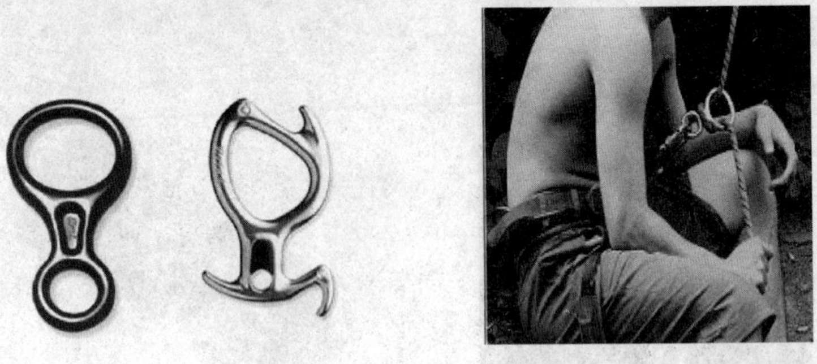

图3－15　8字环

四、"GRIGRI"

"GRIGRI"成为保护器中的首选,其工作方式类似于套绳器,由旋转凸轮卡住绳子,使用非常方便。"GRIGRI"是自动工作的:将绳子猛拉一下,它就会卡在凸轮中间而不会滑动,该保护器最主要的优点是你可以不费力地保护攀登者,即使是你保护的队员发生意外而你又不注意时,它能立即保护他。

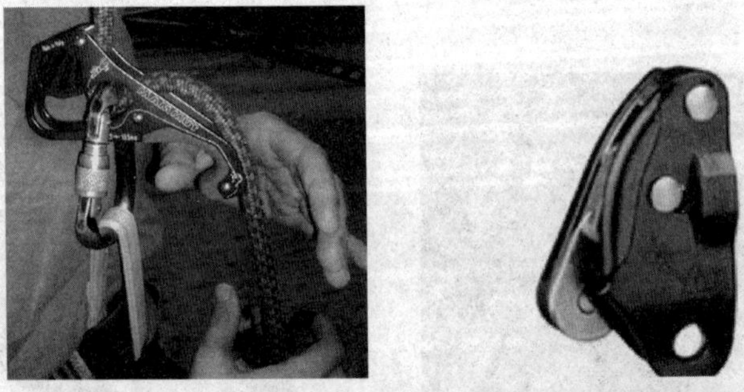

图3－16　"GRIGRI"

五、铁锁(Locks)

铁锁是用来连接各种攀岩安全带的扣环或在保护系统中作刚性连接。没有了铁锁，安全带、绳子、保护器、8 字环、快挂、挂片和保护装置等装备将不能很好使用。

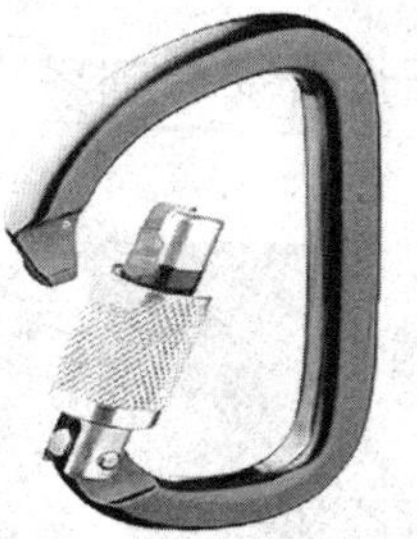

图 3 – 17　铁锁

六、扁带(Flat belt)

软性带状物，通过机械缝合或手工打结成为长度不一的闭合圈，提供保护器械之间的软性连接。

七、快挂(Quick link)

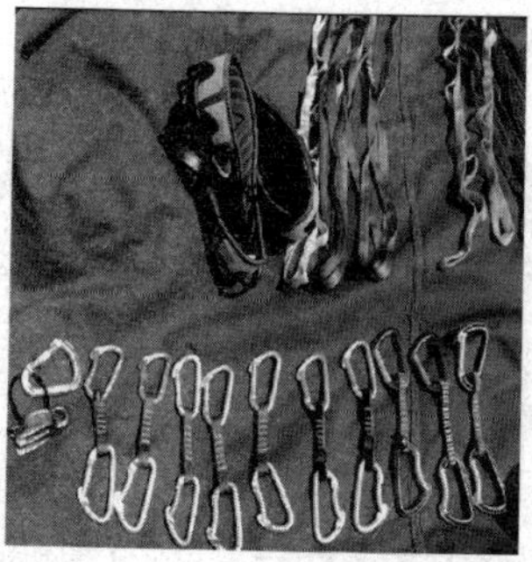

扁带

快挂

图 3 – 18　快挂

扁带的两端分别连接一个铁锁成为快挂，使用时一端扣入保护点，一端连接人体安全带或主绳，带来操作便利。快挂两端的铁锁都不带丝扣，存在不慎打开或收力压开的危险，所以只有一个快挂时，不能作为固定保护点使用。

八、攀岩鞋(Climbing Shoes)

鞋底采用特殊的橡胶，摩擦力大大增加。从普通鞋到攀岩鞋是提高攀登水平的重要变革。

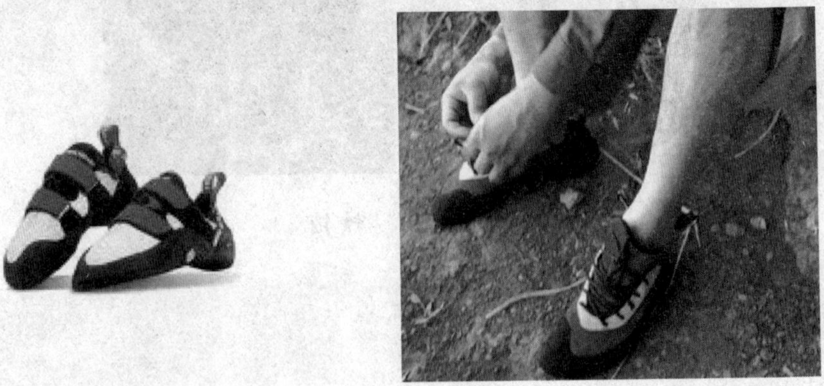

图 3－19　攀岩鞋

九、镁粉及粉袋(Magnesium powder and flour bags)

图 3－20　粉袋

镁粉的使用主要是在室内攀岩，他们的成分是碳酸镁($MgCO_3$)粉末，以防手出汗时出现手滑现象或吸收岩壁表面的水分，以增大摩擦力。为了较方便使用，镁粉一般存放在粉袋里，粉袋系在安全带上，在攀登难度大的岩壁或路线时极有用。

十、挂片(Hanging film)

随着竞技攀岩的迅速流行，出现了大量新式螺栓挂片，从初级的、手工制作的到光滑而结实的专用挂片都有。任何一种专用挂片都应适合某种特殊需要，而手工制作的则未必。铝制的挂片，在反复承受大力下降时需要特别留意，因为这种柔软材料很容易弯曲和劳损。经常使用者应该注意挂片上是否有裂痕或变形。钛或不锈钢是制作挂片的最佳材料。

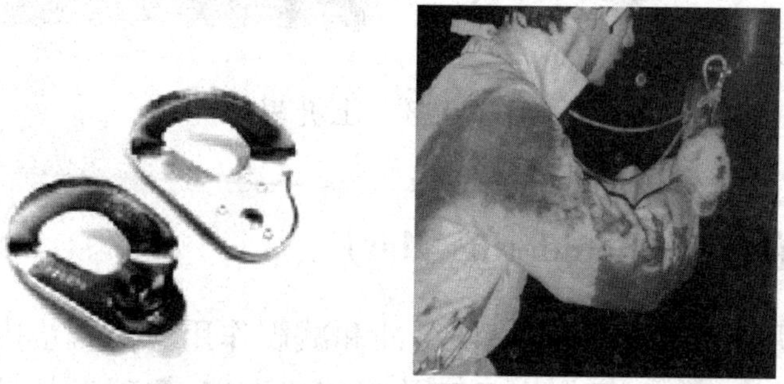

图 3－21　挂片

十一、头盔(Helmet)

头盔可保护头部，防止落石等东西及坠落时的意外撞击。

图 3－22　头盔

十二、上升器(Risers)

在单绳技术中解决向上运动的方法,分左右手握2种方式,适应于不同用手习惯的攀登者。操作方法请阅读说明书。

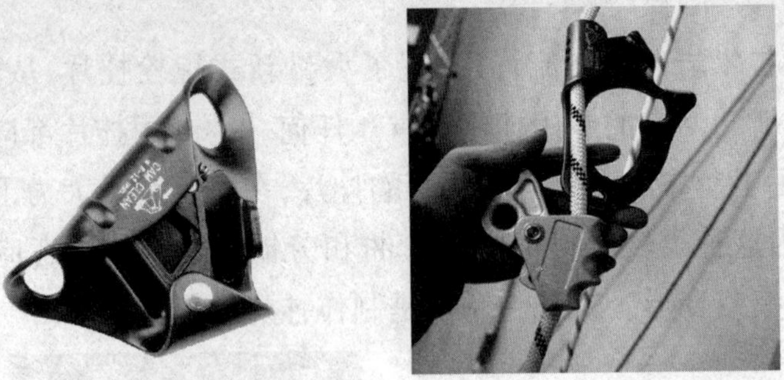

图3－23　上升器

十三、抱石垫(Bouldering Mat)

抱石运动中的保护手段,提供缓冲和减震作用。抱石垫内部是两层或更多不同质地的海绵。最上面是硬体封闭式海绵,最下面是较厚的软体开放式海绵。软体海绵使脱落者下陷而不是分散压力,易挫伤手腕脚踝,所以抱石垫要硬体海绵层向上放置。

图3－24　抱石垫

第三节　攀岩的基本技术

一、基本的保护技术

(一)结绳的打法

绳结有各式各种不同的用途与打法,以下所举仅是攀岩时常用的绳结。

1.单8字结(A single 8 - word statement)

图3-25

2.中段8字结(Middle 8 characters knot):用于结组进行或设置保护点(蝴蝶结比较合适)。

图3-26

3.双半结(Pairs of half - knot):双半结是单半结多绕一圈。

图 3－27

4. 双渔翁接绳结(Double Fisherman Access knots)

图 3－28

5. 水结/扁带结(Water knot / flat belt knot)

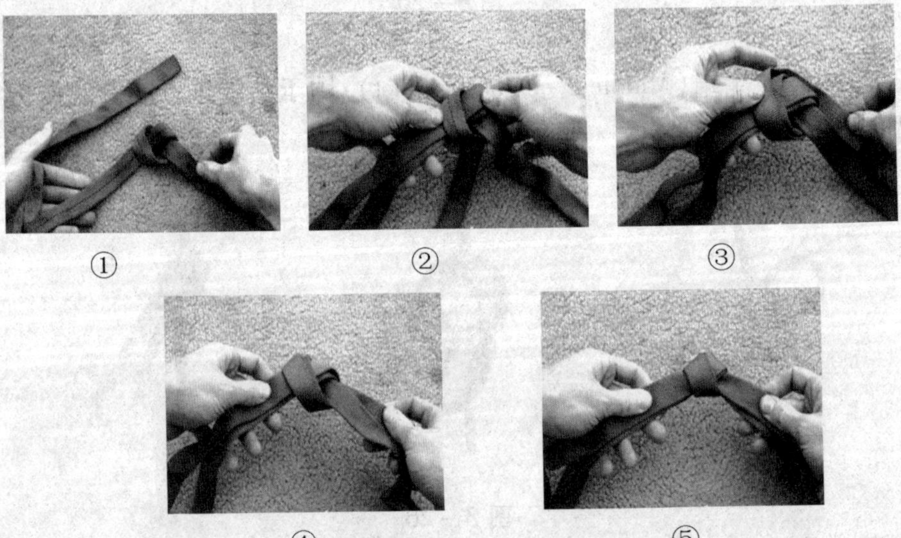

图 3－29

6. 爪结/普式爪结(Claw knot / P - type claw knot)

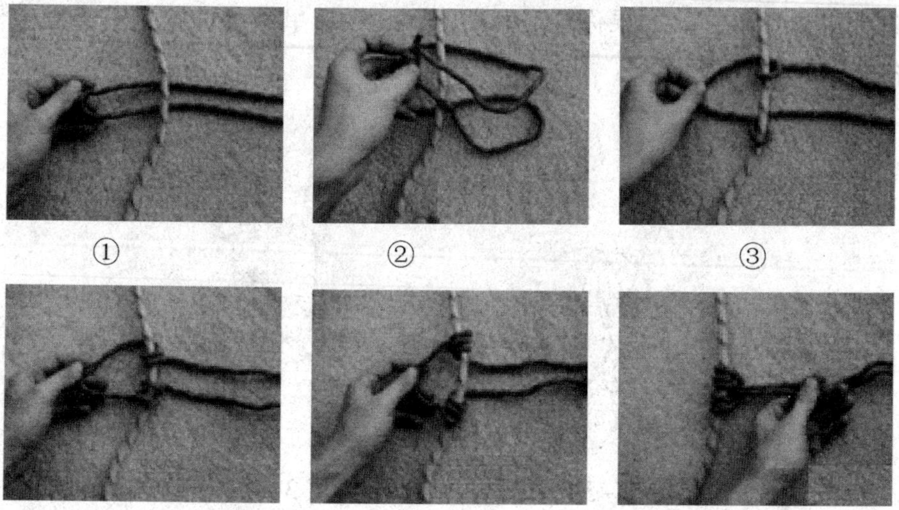

图 3 - 30

7. 双套结(Clove Hitch)

要练习用左手打这个结。而且架设保护系统时常会绕着固定点(如树干)打此结。连接岩钉也可以用这种结。

8. 蝴蝶结(Bow)

一种很好的结,常来打在绳子的中央,用于横渡冰河之用。

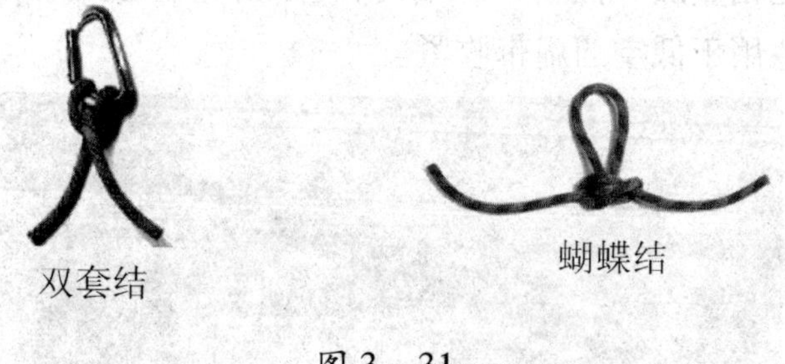

图 3 - 31

(二)学会正确使用 GRIGRI

主绳在 GRIGRI 中的穿过方式有正确与错误之分。反复检查,确定主绳以正确的方式从 GRIGRI 中穿过。通向攀登者的绳端一定要从攀登者标记的那一边穿出去。如果你穿反了绳子,GRIGRI 里面的齿轮是不会发生作用的!

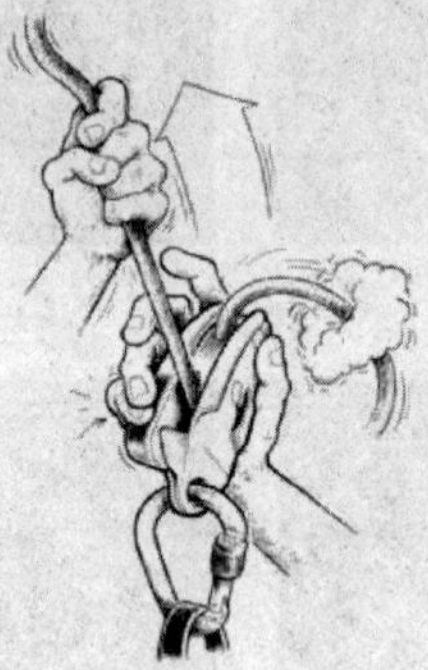

图 3－32

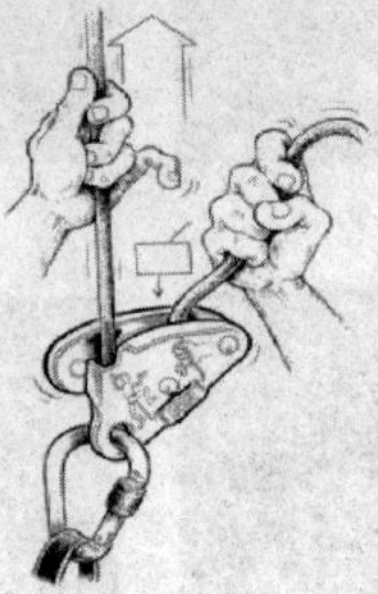

图 3－33

正确的方法是用制动手托起 GRIGRI,小指轻轻压在齿轮上。记住不要使用强有力的手指,那样有可能用力过猛,使得攀登者脱落时齿轮无法锁定。通过一些练习,你可以用这种抓握方式快速而平滑地送绳。攀登者有足够的松散绳子之后,制动手重新回到后备姿势,握住制动端的绳子,然后继续像平常一样一手推一手拉地送绳就可以了。

(三)细扁带的收紧方法

缠绕收紧法:将扁带系上个死结并与一个铁锁相连,再与另一个铁锁缠绕,并将扁带互相叠加。拉扁带末端时,利用滑轮组原理收紧,扁带相互压住不会松开,适用于低空的扁带收紧。

图 3－34

小紧绳器：操作简单、方便、快捷，适用于低空的扁带收紧。

图 3－35

器械收紧：适用于较长距离的扁带收紧。

图 3－36

工业紧绳器：钢丝紧绳器拉力较大，适用于较长距离的扁带收紧。在高空使用时，必须多做些备份保护。

图 3－37

高空固定扁带时，要使用 RACK，主扁带承受拉力的部分要避免打结；主受力扁带与挂片连接要使用耐磨的钢锁；要尽量多做备份保护。

图 3－38

选择一个新的视角，踏入一处别样空间，没有忧郁和世俗，轻轻地沉醉于飘渺的薄雾之中。

二、攀岩技术

(一)人工岩壁上的攀岩技术

1. 人工岩壁的攀岩手法

攀登中用手的根本目的是使身体向上运动和贴近岩壁，岩壁上的支点形状很多，常见的也有几十种，攀登者对这些支点的形状要熟悉，知道对不同指点应抓握何处，如何使力。

图 3－39

根据指点上突出(凹陷)的位置和方向，有抠、捏、握、拉、攥、推等方法。但也不要拘泥，同一支点可以有多种抓握方法。像有种支点是一个圆疙瘩上面有个小平台，一般情况是把手指搭在上面垂直下拉，但为了是身体贴近岩壁，完全可以捏住，手拉。又如有时要两只手抓住同一个支点时，前手可先放弃最好抓握处，让给后手，以免换手的麻烦。抓握支点时，尤其是水平用力时，手臂位置要低，靠向下的拉力加大水平摩擦力。要充分使用拇指的力量，尽量把拇指搭在支点上，对于常见的水平浅槽的支点，可把拇指扭过来，把指肚一侧扣进手槽，或横搭在食指和中指的指背上，都可增加很大的力量。

图 3－40

在攀岩较长路线时可选择容易地段两只手轮换休息。休息地段要选择没有仰角或仰角较小，且手上有较大支点处，休息时双脚踩稳支点，手臂拉直(弯曲时很难得到休息)，上体后仰，但腰部一定要向前顶出，使下身贴近岩壁，把身体重心压到脚上，以减小手臂负担。攀登前要做活动手指，抖手动作放松，并擦些镁粉，以免打滑。

2. 人工岩壁的攀岩脚法

图 3－41

腿的负重能力和爆发力都很大，而且耐力强，攀登中要充分利用腿脚的力量。攀岩一般都穿特制的攀岩鞋，脚踩在宽度不到 1 厘米的支点上都可以稳固地支撑全身的重量。

一只脚，能接触支点的只有 4 处：鞋正前尖、鞋尖内侧边(拇趾)、鞋尖外侧边(4 个脚趾的指尖)和鞋后跟尖(主要是翻屋檐时用来挂脚)。而且只能踩进一指左右的宽度，不能太多，比如把整个脚掌放上去，为的是使脚在承力的情况下能够左右旋转运动，实行换脚，转体等动作。

换脚是一项基本的技术动作，攀登中经常使用。常见到一些初学的朋友换脚时是前脚使劲一蹬，跃起，后脚准确地落在前脚原在的支点上，看起来十分利落，但实际上是错的，因为这样一方面使手指吃劲较大，另一方面造成身体失衡，更重要的是在脚点较高时无法用这种方法换脚。

图 3－42

正确的方法要保护平稳，不增加手上的负担，以从右脚换到左脚为例，先把左脚提到右脚上方，右脚以脚在支点上最右侧为轴逆时针(向下看)转动,把支点左侧空出来,体重还在右脚上,左脚从上方切入,踩点,右脚趁势抽出,体重过渡到左脚。动作连贯起来,就像脚底抹了油一样,右脚从支点滑出,左脚同时滑入,体重一直由双脚负担,手只用来调节平衡。双脚在攀登过程中除了支承体重外,还常用来维持身体平衡,脚并不是总要踩在支点上,有时要把一条腿悬空伸出,来调节身体重心的位置,使体重稳定地传到另一只脚上。

(二)攀登岩壁的基本技巧

在不同的岩石上完成身体的腾挪、跳跃、转体、引体等惊险动作,给人以优美、流畅、刺激、力量的享受,集中了健身、娱乐、竞技于一体。近年来正越来越受到年轻人的喜爱,被称为“岩壁上的芭蕾”,基本技巧有:

图 3－43

拉:在抓住前上方牢固支点,用力上拉引体向上。

撑:利用台阶、缝隙或其他地形,以手掌和小臂使身体向上或向左右移动。

推:利用侧面、下面的岩体或物体以手臂的力量使身体移动。

靠:利用能够容纳身体的裂缝,用背部靠住一侧岩面,用四肢顶住对面岩石,使身体上移。

胀:将手伸进缝隙里,用弯曲手掌或握拳,以此抓住岩石的缝隙并移动身体。

蹬:用前脚掌内侧或脚趾的蹬力,把身体支撑起来,减轻上肢的负担。

跨:利用自身的柔韧性,避开难点,以寻求有利的支撑点。

挂:用脚尖或脚跟挂住岩石,维持身体平衡,使身体移动。

踏:利用脚前部下踏较大的支点,减轻上肢的负担,移动身体。

1. 身体姿势(body position)

攀登岩石峭壁时身体要放松,并要根据岩壁陡缓程度,使身体和岩壁保持一定距离。上拉、下蹬要同时用力,身体重心一定要落在脚上,保持面向岩壁、三点固定支撑、直立于岩壁上的攀登姿势。

图3－44　错误

图3－45　正确

2. 脚的动作(Foot movements)

(1)正踩、侧踩

在踩点时注意踩点的面积,并不是越大越好,尽可能寻找可发力部位。

图3－46　外侧踩

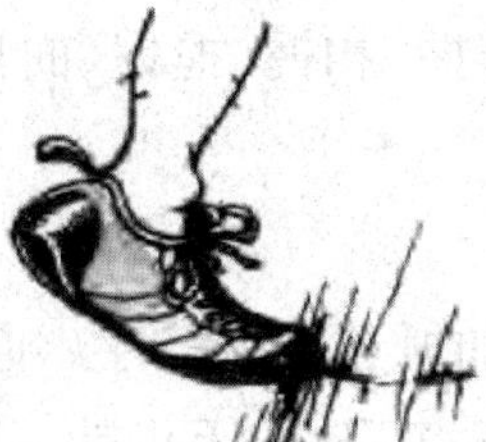

图3－47　内侧踩

图3－48　正踩

(2)磨擦点

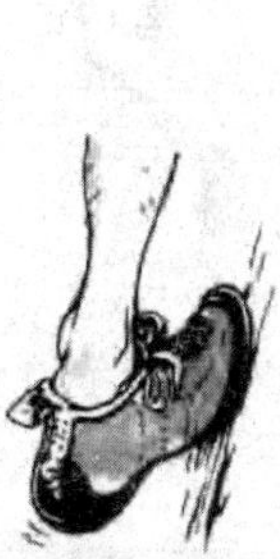

图3－49　磨擦点

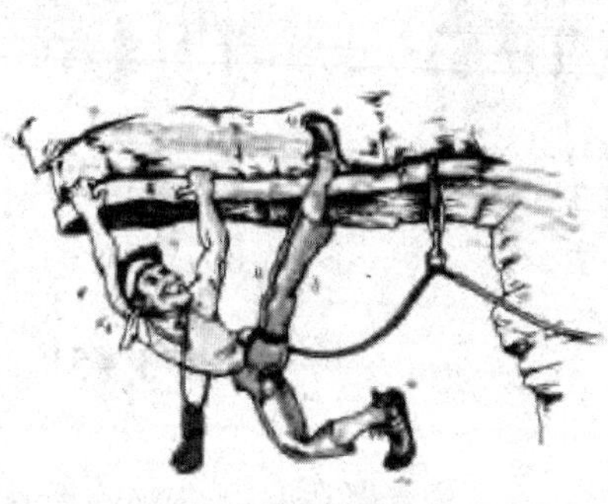

图3－50　脚后跟钩

这个动作尤其是当你身体悬空时特别有用。

(3)脚后跟钩住

脚后跟钩的动作需要攀岩者具有良好的灵活性、柔韧性和胆量,它的动作的多种多样的。

(4)交换脚

要想有好的脚底功夫的基本步骤如下:

① 在移动脚之前确定你所要的脚点。脚点的大小、方向和位置决定了它的实用性,如果有可能,你的脚点应低于你的手点,以减轻上体的紧张。

② 把脚准确放在脚点的最佳位置,要把你的脚集中放在一点上;

③ 将重心平稳过度到另一个脚点;

④ 当你站立或移动时保持脚的绝对平稳,移动时以脚踝为中心减少上身的运动。脚的移动可能会使脚滑出脚点,集中力量保持脚的平稳,保持平缓移动重心至两只点之间。

3. 手的用法

手握点的方法有紧握、开握、扣握、捏握、曲握、侧拉、反扣等,下面讲解各种手法的动作要领。

(1) 紧握

整个手掌的抓握可以增加抓点的稳定性。但是,请一定记住,一旦你觉得你找到了一个最佳的抓握位置,你的手指就不要再动,太多的犹豫可能会导致脱落。

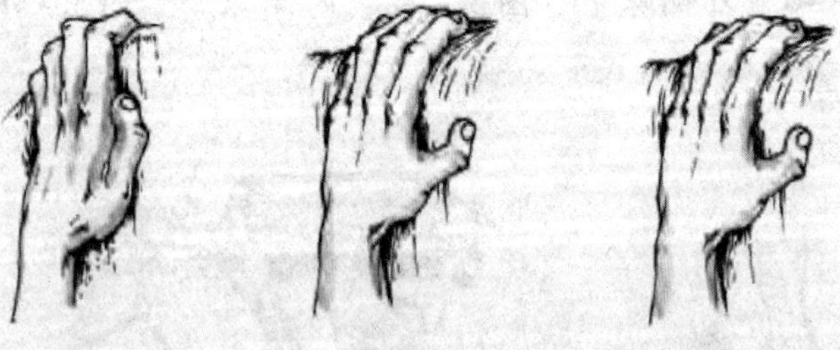

图 3－51

(2)开握

如果支点的边缘或某些点的小洞可以支撑住手指的第二关节,你的手可以平坦地靠在岩面上。这样的话，你的手可以张开，手指并拢，让手指与支点充分接触，整个手掌不用紧握支点。在这个动作中，大拇指的作用一般较小。

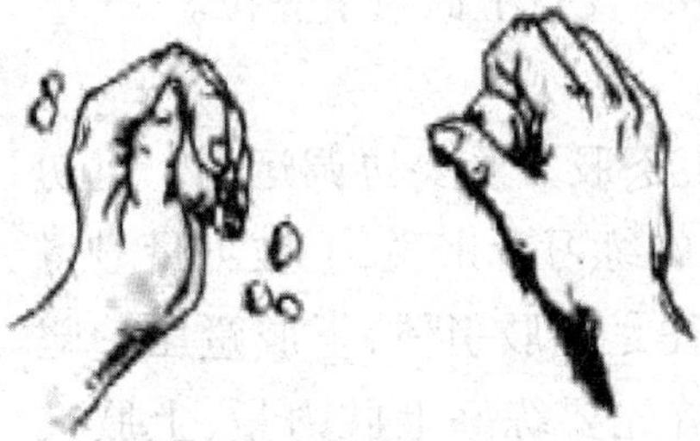

图 3－52　开握

(3)扣握

当手遇到相对较小的支点，你的四指并拢后能套住支点，用大拇指压住食指，这样支点就被完全套在你的手中。此时，大拇指的力量是关键，因为大拇指既要锁住手指，又要靠住岩板，它要比其他的手指承受更大的力臂。

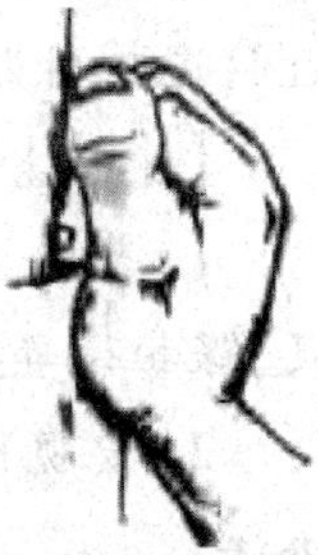

图 3－53　扣握

(4)捏握

一般来说，大拇指捏的方向与手指的方向是相对的。但是有时，有些可捏握的点可以让你的大拇指压在支点的一边，其压的方向与四个手指拉的方向成90°。但是当支点很小时，你只能用你的拇指和你的食指的第二关节外侧面去捏握。

图 3－54　捏握

(5)曲握

曲握是把手掌弯曲，四手指并拢，大拇指压在食指上，用手掌的外部边缘搂握住支点，因为大拇指的力量很强，可以很好地控制手形，所以这种手形的握点法应该是很有力的，而且这样也是给其余手指一个很好的放松机会。

图 3－55　曲握

(6)侧拉

当一个支点的方向为竖直方向或接近竖直方向,但是它又很难用手从支点上面往下垂拉。

4. 手脚配合

在攀岩过程中,上下肢力量要协调运用。对初学者或技术还不熟练的练习者来说,上肢力量显得尤为重要,攀登时往往是上肢引体,下肢蹬压抬腿而移动身体。所以,首先要练好上肢力量,上肢又要以手指、手腕和小臂力量为主,再配合脚趾,脚腕及腿部的力量,使身体重心随着用力方向的不同而协调地移动,手脚动作的配合也就自如了。

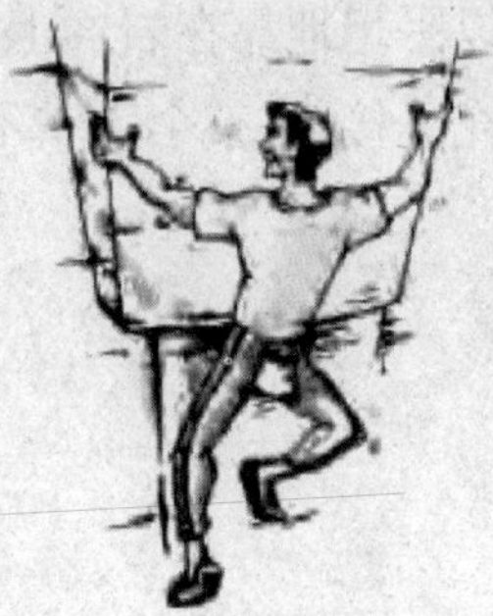

图 3－56　手脚配合

【小贴士】攀岩前的准备

1. 攀登岩壁前要做好准备工作,检查一下必需的装备器材是否已带足,保护设置是否正确,并要进行热身。攀登前必需相互检查。

2. 要观察清楚攀岩路线,注意可能聚到的难点,并想好克服难点的办法。

3. 攀登动作一定要保持"三点固定",谨防窜跳式攀登。

4. 攀登途中遇到浮石或松动的石块,一定不要乱扔,可放置在安全处或通知下面的同伴注意后再做处理。

5. 攀登者和保护者要密切配合,在没有必要的保护措施下,应拒绝攀岩。

6. 在攀岩中,切忌抓草或小树枝等作支点。有积雪或过于潮湿的岩壁不宜进行攀登。

7. 攀登者不能戴手套,但要戴安全头盔进行操作。

8. 攀登作业中要保持镇静。

9. 充分热身。在开始攀岩之前,热身是非常重要的,省略这个步骤很

图 3－57

容易受伤，所以不容忽视，它是攀岩或训练前必做的项目。目前对于热身到底该怎么做还有争议，建议应找到觉得最舒服的方法。热身后，攀登之前，还必须做可以保持肌肉温度的任何动作。

第四节　攀岩比赛的组织方法与形式

由于各地的自然岩场和人工岩场的攀岩条件不同，比赛规则也不甚相同。目前我国采用的《比赛规则》(暂行)是根据国际攀岩比赛的规则结合我国具体条件(技术水平、装备和自然条件等)综合制定的。现将其细则介绍如下；

一、自然岩场攀登比赛规则(暂行)

(一)单人攀登比赛

1. 攀登路线高度

男子约 50 米；女子约 40 米；路线宽度约 2 米。

2. 攀登路线坡度

男于单人攀登路线平均坡度为 85 度路线平均坡度为 75 度。

3. 比赛规则

(1)运动员在比赛时，必须佩带大会提供的安全带、头盔及号码布；

图 3－58

(2)运动员在攀登途中，除大会设置的保护装置和支点外，不能借助其他登山器械和保护绳索，否则，每借用一次按增加 2 分钟攀登时间计罚；

(3)运动员必须在规定路线内完成攀登，攀登途中不得借用规定路线以外的支点(线外支点)，否则，每借用一个线外支点.按增加 1 分钟攀登时间计罚；

(4)运动员在攀登途中发生脱落(4 个支点离开岩面)，应从脱落处返回起点重新攀登,在起点处可休息 30 秒钟,重新攀登时,脱落前攀登时间及犯规次数累计计算。

4. 名次确定

(1)按全线攀登成绩(竞赛时间加犯规增罚时间)排出名次,时间越短,成绩越好;

(2)未完成全线攀登者,按攀登高度及所用时间(竞赛时间加犯规增罚时间)排出名次,攀登高度越高,时间越短,成绩越好。

(二)男子双人结组攀登比赛

1. 攀登路线高度

攀登路线高度约 50 米;路线宽度约 2 米。

2. 攀登路线坡度

攀登路线平均坡度为 85 度。

3. 比赛规则

(1)运动员在比赛时,必须佩带结组技术装备(安全带、头盔、结组绳)及号码布等;

(2)运动员在攀登途中,必须在规定处挂铁锁,每少挂一次铁锁,增罚 3 分钟攀登时间;

(3)运动员在攀登途中,不得借用攀登器械和保护绳索,否则,每借用一次按增加 2 分攀登时间计罚,每借用一个线外支点,按增加 1 分钟攀登时间计罚;

(4)运动员在攀登途中发生脱落(4 个支点离开岩面),可从脱落处继续攀登,每脱落一次,增罚 2 分钟攀登时间;

(5)运动员在攀登途中,如将规定携带的攀登器械脱落,取消比赛资格;

(6)一人在攀登途中,另一人必须处于保护状态,否则增罚 1 分钟攀登时间;

(7)保护顺序应是先行自我保护,然后保护对方攀登,否则增罚 1 分钟攀登时间。

4. 名次确定

以结组第 2 人到达终点的时间记成绩(攀登时间加上两人的犯规增罚

时间),时间越短,成绩越好。

二、人工岩场攀登比赛规则(暂行)

(一)比赛在装有人工支点的岩石场地举行,岩面高度为15米,路线宽度3米(不包括标志线)(按国际登山联合会要求,岩面高至少是路线长的3/4,如岩面高为15米,则攀登路线长不得少于20米)。

图 3－59

(二)比赛采用封闭式,比赛路线由定线员制定,裁判长审定。参赛人员在赛前不得以任何手段收集获取与比赛路线有关的情报资料。

图 3－60

(三)攀登者使用由组委会提供的比赛器材(如安全带、安全帽、粉袋等),若使用自己的器具时,必须经组委会认可。

(四)比赛采用单人攀登、下方保护的方法。攀登者必须将保护绳扣人路线上所有规定的保护铁锁中,铁锁开口必须向下,而且攀登者以身体腰部(以安全腰带为准)超过铁锁前,必须先把绳子扣上,否则,按脱落犯规处理。

(五)攀登者在攀登开始之前,可在路线底部作短暂准备,时间为30秒,当攀登者第二只脚离开地面或准备时间完毕时,即开始计时。

(六)攀登者在路线上,在双脚不接触地面的前提下可上下、左右移动,攀登方式不限。

(七)若比赛现场或比赛路线上出现故障时(如支点断裂或松动,保护点脱落等)由定线员决定处理。攀登者在攀登之前或攀登途中均有权提出示意,若自己要求继续攀登,则不能要求考虑路线问题;若经裁判长同意,示意有效,排除故障后,未起步攀登者可继续攀登,已攀登者可给一次重新攀登机会。间隔过后一个人进行,成绩以两次攀登最好一次计算。

(八)跟踪裁判跟随观察攀登看上升情况,及时通知路线裁判和计时裁判。保护裁判要确保攀登者的安全,但不影响、阻碍攀登者行动,在攀登过程中,保护者必须将绳索放松。

图 3-61

(九)如果攀登者接触最高点的时间都相同时,经裁判认定,握点的成绩比触点的成绩好。

(十)遇到下列情况之一,裁判可作如下处理:

1. 中途脱落者只计高度和时间;

2. 攀登者返回地面或出界,只计高度和时间(身体任何部分接触到线(包含标志线)时为出界,活动超出标志线空间者不算出界);

3. 超出限定时间,只计高度;

4. 攀登者借助规定人工支点以外器材(如保护铁锁),只记高度和时间;

5. 攀登者身体超过保护点,而未将保护绳扣入铁锁作自我保护者,只计高度和时间。

(十一)遇到下列情况之一,取消比赛资格:

1. 收集有关比赛路线情况资料者;

2. 检录处 3 次点名未到者;

3. 不按规定到预备处准备者;

4. 装备穿戴错误者。

(十二)临场比赛规定:

1. 参加比赛前应对路线无任何了解;

2. 比赛之前,所有攀登者应在隔离区等待;

3. 比赛时,主办单位可视情况,允许一名参赛的陪同人员(如医生)到比赛场地观察,其他人员不能进入赛场;

4. 终点裁判判定计时以攀登者将绳子扣入最后一个保护铁锁为准。

5. 成绩评定:$B=50(\frac{Tmin}{Tx}+\frac{Hr}{Hx})$

B 为成绩;Tmin 为最快攀登时间;Hx 为攀登最高高度;Tx 为赛员攀登时间;Hr 为赛员攀登高度。

6. 路线设定:比赛采取预、决赛不同难度的两条路线(重新定线),个人成绩以预、决赛成绩平均分数的多少排列名次,预、决赛平均分数相等者,以决赛成绩优先考名次列前。团体成绩以男、女单项决赛前 6 名成绩总和,缺少一项比赛的队不计团体总分。

(十三)攀登者与裁判意见发生分歧时,可向仲裁委员会提出申诉,由仲裁委员会进行裁决。

【小贴士】攀岩爱好者的级别

对照下文,看看你是那个级别的爱好者:

如果你先锋攀登能完成 5.9 或者传统攀登能完成 5.8;而且符合以下所列条件中的一条或更多,你至少是热爱攀岩者:

1. 每周至少进行一次持续两个小时的关于攀岩的训练

2. 每两周进行一次全天候的攀岩

3. 家里的门框上悬挂着指力板

4. 能流利地说出三名世界一流攀岩高手的主要战绩

5. 拥有自己的安全带、攀岩鞋

如果你先锋攀登能完成 5.11a 或者传统攀登能完成 5.10a;而且符合以下所列条件中的两条或更多,你至少是中级攀岩者:

1. 拥有自己的 GRIGRI 和一套机械塞

2. 穿坏了五双攀岩鞋

3. 在岩壁上呆的时间超过 200 个小时

4. 攀爬过的岩壁总长度超过五公里

5. 悬空下降过程中能流畅地通过绳结

6. 对最新比赛的成绩、世界最难路线的攀登情况、世界高手的特征如数家珍

7. 周末不在岩壁上度过就好像缺了点什么

8. 所有的建筑物看上去都是难度不一的路线,精心设计的装饰好像是一个很好的勾脚点

如果你先锋攀登能完成5.13a或者传统攀登能完成5.12b或者能完成V7的抱石路线，而且符合以下所列条件中的3条或更多，你已经是高级攀岩者：

1. 朋友在一起时话题始终围绕攀岩

2. 觉得8小时工作制太限制训练时间或者因为得不到去阳朔一个月的假期，你辞职了

3. 严格节食，希望自己除了小臂之外都瘦得只剩骨架

4. 身上有5个部位因为攀岩造成运动损伤

5. 写出关于攀岩训练、心得的书籍或建立关于攀岩的网站

6. 全身都是免费的品牌服装和装备，比赛或拍照时还需要权衡抉择一下

7. 在至少3个国家的攀岩胜地训练过。

第四章

定向运动(Orienteering)

定向运动是一项智力、健体、旅游、娱乐为一体的智慧型体育活动，定向运动通常在森林、郊外、城市公园或较大的校园进行。对于学校体育而言，它突破了体育课程长期以来所形成的封闭枯燥的模式，顺应了学校体育改革的发展趋势，因而受到广大中小学生及体育教师的青睐。本章将简述定向运动的基本理论，定向运动需要准备的器材与装备以及定向运动的技能。

第一节 定向运动的基本理论

一、定向运动的概念

2004 年国际定向运动联合会(IOF)将定向运动定义为一项参赛者借助地图和指北针，在尽可能短的时间内到达若干个被分别标记在地图上和实地中检查点的运动。定向运动的参赛者可以是个人，也可以是由两个人以上组成的队。

图 4－1

定向运动是智力与体力相结合体育运动项目，在能强健体魄的同时，也培养人独立思考、克服困难以及在遇到意外的情况下迅速做出决定、果断采取行动的能力。

二、定向运动的形式

通常在森林、郊外或城市公园里进行,也可以在大学校园里进行。标准的定向路线包括一个起点(用三角表示),一个终点(用双圆圈表示)和一系列点标(用单圆圈表示),其中点标已在地图上用阿拉伯数字标明。

图 4-2　郊外

图 4-3　公园

图 4-4　森林

在实际地形中,一个橘黄色和白色相间的点标旗代表运动员应该找到的点的位置,称为检查点。每个检查点上都有一个或多个带有唯一编码的打卡器,为参赛者提供到访记录。参赛者手持检查卡,由起点开始,按顺序到访比赛路线上的每个检查点,并在检查卡上留下打卡器的编码直到终点完成比赛。

图 4-5

定向比赛中,点标与点标之间的路线并不指定或固定,要求参赛者选择一条最适合自己的由一个点到下一个点的路线。相邻两个检查点间的距离以直线为最短,但实际情况中,沿直线前进往往不是最佳选择。沿直线前进,你可能遇到不可翻越的障碍,也可能在没有明显特征的密林中不断地拐弯绕道而迷失方位,还可能在没有明显特征的密林中不断地拐弯绕道而迷失方位,还可能因不得不翻越陡峭的山地而过早地耗竭自己的体能,失去宝贵的时间。在整个参赛过程中,必须不断集中注意力,在控制好身体运动状态的同时,标定地图,通过地图了解实际地形的通视度和易跑性,找出导航特征,运用多种定向技术在地图上找出两个检查点之间各种可能的路线,结合实际地形、个人综合能力和经验迅速地进行分析判断,果断地确定最适合自己的行进路线,然后运用各种定向技术确保自己沿着选定的路线前进。这种迅速果断的路线选择能力,以及借助地图和指北针导航,以最快速度按顺序到达目的地的能力就是定向运动的精髓所在。

图 4-6

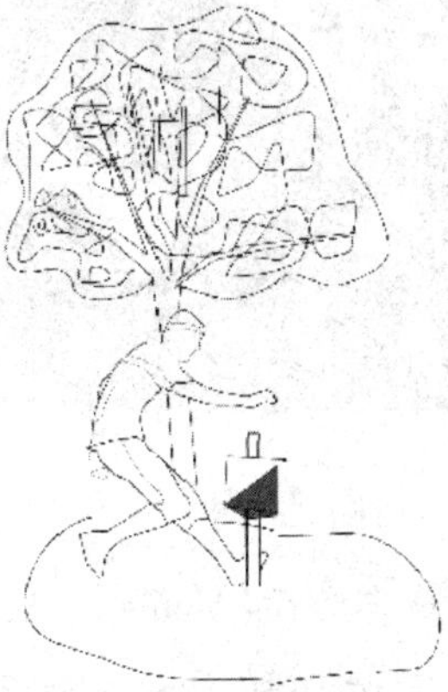

图 4-7

三、定向运动的分类

按照运动模式,国际定联将定向运动项目氛围分为徒步定向、滑雪定向、山地自行车定向和轮椅定向。其中徒步定向又被称为定向越野。

(一)定向越野(Cross - Country Orienteering)

是各种定向运动比赛中组织方法比较简便,开展最为广泛的一种。由于其比赛的成败全在个人的识图、用图、野外定向和奔跑能力的强弱,所以适合各种年龄、性别的人参加。形式和比赛方式多种

图 4-8

多样，按场地的不同，可以分为野外定向、公园定向、大院(为机关)定向、军营定向等；按活动时间的不同，可分为白天定向、夜间定向、多日定向等；按比赛距离的不同，可以分为短距离定向、标准距离定向、长距离定向等；按运动水平分级，可以设初级组赛、高级组赛、精英组赛；按评定名次方法的不同，可以分为计时赛和分赛等。

图 4-9

图 4-10

(二)山地车定向(Mountain bike orienteering)

是集定向运动和山地车运动于一身的体育运动。在这项运动中，最重要的定向技巧是路径选择和记图。对于顶级运动员来讲，高超的山地车技巧是应付陡坡的必备条件，出于环保考虑，运动员不能离开规定的线路。

山地车定向是国际定联承认的最年轻的专业项目，从 2002 年起，每隔两年举行一次世界锦标赛。

图 4-11

图 4-12

(三)轮椅定向(Directional Wheelchair)

原来是专为伤残人士特别设计的定向运动形式。现在它既可以让乘坐轮椅车的伤残人士加入到定向运动的行列中来,又可以供新手进行定向基本技术的训练。轮椅定向同样也是一种能让所有参与者都饶有兴趣的专项技能比赛。首届轮椅定向世界杯赛于 1999 年举行。

(四)滑雪定向(Ski Orienteering)

也是国际定联的正式比赛项目之一,目前在东欧国家十分流行,许多世界高山运动员、越野运动员和滑雪选手同时又是滑雪定向的高手。可以按个人、团体或接力比赛等形式进行。

图 4－13

图 4－14

(五)夜间定向(Night Orienteering)

图 4－15

图 4－16

夜间定向是定向运动的一种高难度的比赛形式。由于是在视度不良的夜间进行的,不仅增加了比赛的难度,同时对观众和选手自己增加了吸引力和刺激性。

夜间定向已被列入国际定联的正式比赛项目之中。第一届世界夜间定向锦标赛于 1986 年 10 月 27 ~28 日在匈牙利举行。

(六)接力定向(Relay Orienteering)

接力定向是团体之间的定向越野比赛项目之一,其成绩好坏有赖于每个队员个人能力的发挥。在接力比赛中,比赛的路线分成若干段(国际比赛通常为 4 段),每名选手完成其中的一段,各段参赛选手的成绩相加为该队团体总成绩。为便于观众欣赏各选手之间的激烈竞争,接力定向的场地必须设置一个"中心"站,各段选手的交接(即"换段")均在这里以触手的方式进行(不使用接力棒),因此,接力定向的观赏性较好,被国际定联纳入了正式比赛项目。

图 4 - 17

图 4 - 18

四、特点

(一)自然方面的特点

1. 运动性

定向运动顾名思义是一运动,它与其他体育运动项目一样,是一种身体活动,是以人体运动的方式为主要特征进行的活动。科学的人体运动形式都具有特定的规律、规范和规则。

2. 智能性

是一项体能与智能相结合的运动。就智能而言，首先要有地理学、测绘学、军事地形学等相关知识以及运用这些知识的能力。

3. 环境性

是在森林、山区、公园、风景名胜区等野外环境中进行的，这是它与在体育场馆中进行的各项运动的一个明显的区别。

4. 情趣性

定向运动的环境、活动与比赛的方式、方法，充满情趣和趣味性，可提高人们参与的主动性和积极性。

(二)社会性方面的特点

1. 游戏性

从发展初期——瑞典童子军的“寻宝游戏”开始，它本身就是一种游戏直至现代各式各样的定向比赛，仍然带有很大的游戏色彩。

2. 竞技性

进行比赛就要讲规则、争名次、决胜负，其竞争的激烈程度是可想而知的，正是这种竞争的激烈性，刺激着人们对该项运动的向往和追求，投身到这项运动的训练和比赛中来乐此不彼。

图 4－19

3. 群众性

是一项群众性体育项目，男女老幼都能成为这项运动的参加者和爱好者。据国外有关报道，参加定向运动比赛年龄最小者仅 8 岁，最长者 80 岁。由此可见，定向运动是一项大众化的体育项目。

4. 实用性

在瑞典，它最早是军队的一种训练形式。在现代，定向运动不仅可以作为军事训练的一项内容，还可以作为学校体育教学的一项内容，也是现代社会的一项休闲旅游项目。

第二节 定向运动需要的器材与装备

不同类型、不同等级的定向运动,其所需物质条件也不一样。但地图、指北针、检查点点标、点签、检查点、号码布,是任何形式或是级别的定向运动都不可缺少的物质条件。

一、地图(Map)

地图是说明地球表面的事物和现象分布状况的平面图形。定向运动地图是一种按一定比例尺表示地貌、地物平面位置和高程的正射投影的平面地形图,亦简称地图。专门的定向运动地图上的地貌、地物符号要求更准确精细,要用各种颜色和颜色符号表示不同的地貌、地物符号,以及实际地形的可通行状况。

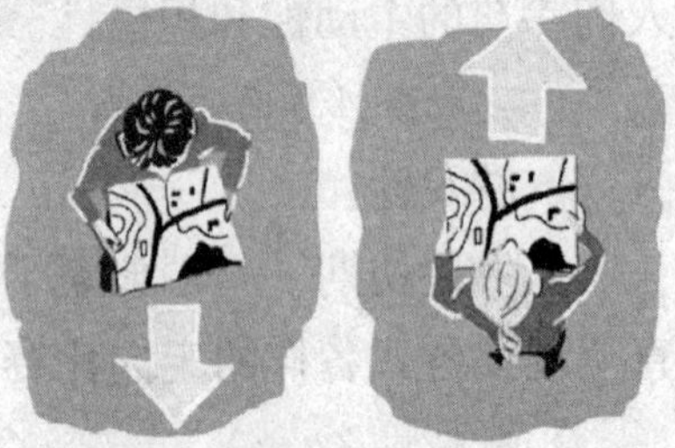

图 4-20

图 4-21

一般包括地图比例尺、地貌符号、地物符号、磁北方向线、地图颜色、地图图例注记六大要素。

(一)地图比例尺

也称缩尺,它表示图纸上的长度跟其相应的实际长度之比。即图上某两点之间的距离与相应的实地两地之间的水平距离之比。

地图比例尺＝图上距离/实地距离＝1/L

长度单位一般为厘米(cm)

其中,L为地图上单位长度所代表的实地水平距离。由此可见:比例尺分式中的分母越小,地图比例尺就越大,地图上描绘的内容就越详尽;分母越大,地图上比例尺就越小,地图上描绘的内容就越简略。

比例尺越大,图上量测的精度就越高;比例尺越小,图上量测的精度就越低。

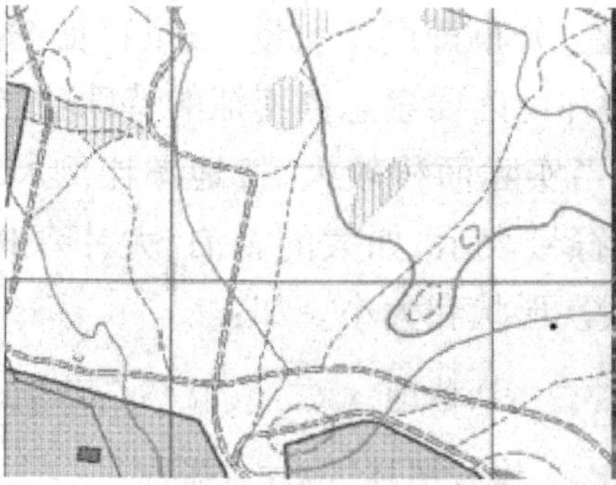

图4－22　地图

图4－23　实际地形

比例尺1∶1000说明地图上的1厘米＝实际地形上的1000厘米(10米)。当今,大多数森林定向图比例尺为1∶10000,大多数公园定向图为1∶5000/4000

1. 比例尺的表示形式

在地图上表示的比例尺一般有数字式、文字式、和图解式3种形式。

数字式:用阿拉伯数字表示,例如1∶10 000或1/10 000。

文字式:用文字注解的方式表示,例如“万分之一”。

图解式:用图形加注记的形式表示,例如图形上的直线比例尺。

线段式比例尺

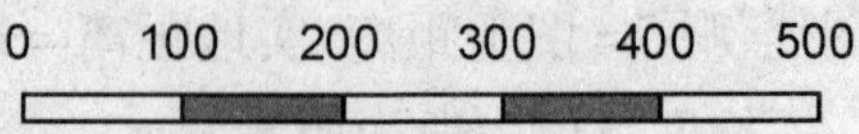

图上1厘米代表实际距离100米

定向运动地图上的比例尺,一般用数字式表示;个别地图用文字式表示,并绘有图解式比例尺。

2. 定向地图上的地物符号

地面上的各种地物是用形状不同,大小不一,色彩有别的符号表示的。它们不仅具有确定客观事物的空间位置、分布特点及数量、质量特征的基本功能,还具有相互联系和共同表达地理环境诸要素总体特征的特殊功能。

面状符号:地面事物呈面状分布,当实际面积较大,按地图比例尺缩小后,仍能表示出起分布范围时,用面状符号表示,如大的湖泊、大片森林、沼泽等。这种符号能表示事物的分布位置、形状和大小。如:

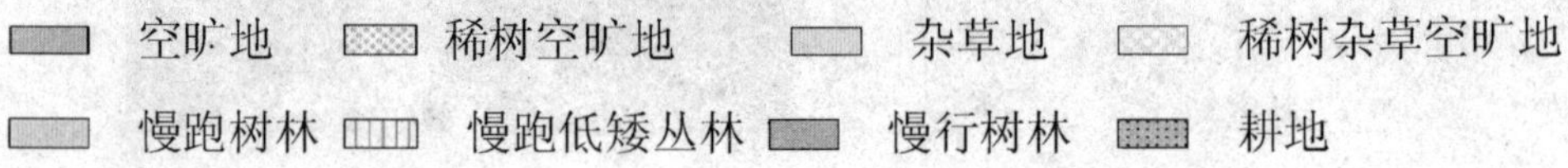

线状符号:地面上呈带状或线状延伸的事物,按地图比例尺缩小后,长度可依比例表示,宽度不能依比例表示时,在图上用线状符号表示,如道路,输电线,河流等。如:

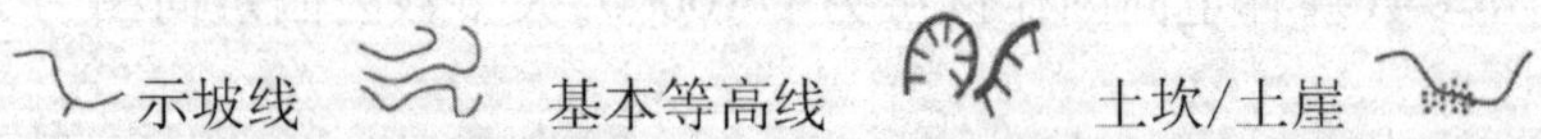

点状符号:客观事物在地面上所占的面积较小,在图上不能按比例尺表示其分布范围时,则用点状符号表示,如表示居民点的房屋、小的塔形建筑、石块、小树等。由于它只能表示分布位置,不能表示事物的形状和大小。如:

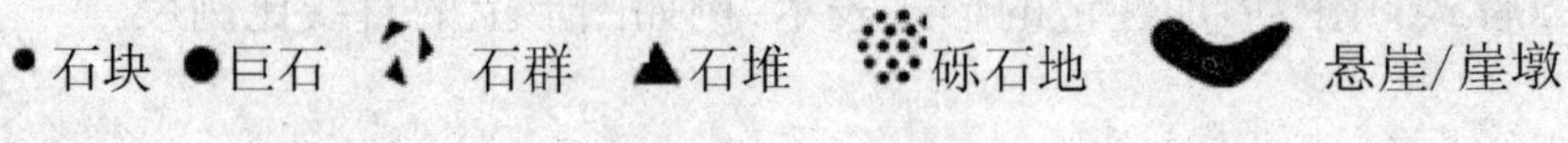

图 4－24

3. 地图上的颜色：

黑色——人造景观(man－made features)(建筑物，道路，小径)和岩石(Boulders)(大石头，悬崖峭壁)

棕色——高线：等高线和符号(表示山丘和小坑)；沥青/砾石路面，包括：高速公路，主干道，宽行人道；篮球场等。

蓝色——任何有水的地方。(湖泊、溪流、泥沼)

绿色——植被浓密而难通过的地区。(绿色越深，越难通过)

白色——普通的林区，易通过。

黄色——空旷地，易奔跑。

黄绿色——禁入私人区，果园、花坛。

紫色——路线。

4. 定向地图上的地貌符号

(1)等高线

定向地图是利用等高线来表示山的形态及起伏状态的。利用等高线可以了解地面上各处的高差，地势起伏的特征，还可以根据地图上等高线的密度和图像分析地貌特征，如山脉的走向、斜坡的坡度和方向，了解哪里是谷坑、哪里是凹地、山脊等，而且还可以进行高度、面积、坡度等的计算。

【小贴士】用等高线显示地貌的原理和相关知识

在人烟稀少的地方或森林中,地貌就是主要的甚至是唯一的行进参照物,也是最经常、最稳定、最可靠的向导。下面我们将向大家介绍有关用等高线显示地貌的原理和相关知识。

一、等高线显示地貌的原理

等高线是地面上高度相等的点所连成的闭合曲线。按"平截法",假设把一座山,从低到顶,按相同的高度,用一层层的水平横截,则山的表面与水平面相交得到一组曲线,再将这些曲线垂直投影到地平面上,得到一圈一圈的曲线图形。因为每条线上各点的高度恒等,所以把这些曲线叫做等高线。按另一种"淹迹法",假设淹没小山的海水按一定的间隔的高度间歇地退落,在每次间歇期内海浪击蚀山体都留下一圈闭合的水迹线痕迹,水迹线上各点的高度相等,则此线即为实地可见的等高线。这一层层闭合的水迹线正射投影到海平面上所得到的一组闭合曲线即为图面上的等高线。

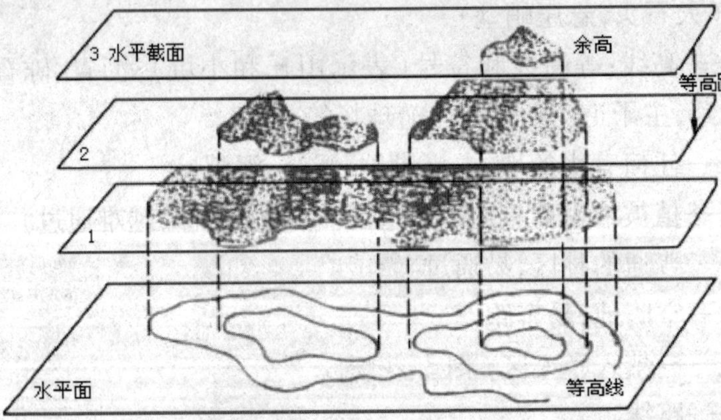

图 4 –25

二、等高线显示地貌的特点

1. 地图上的每条等高线都是实地等高线的水平投影,它既描绘出地貌水平轮廓,也表示出地貌的起伏。

2. 等高线是闭合的曲线，同一条等高线上的任何点的高度都相等。

3. 同一地图上，等高线多，山高；等高线少，山低；等高线稀，坡缓；等高线密，坡陡。

4. 同一地图上，等高线间隔大，坡缓；等高线间隔小，坡陡。

5. 图上等高线的弯曲形状与相应的实地地貌相似。

三、示坡线

示坡线是垂直于等高线的短线，用以指示斜坡降低的方向。示坡线通常绘在沿山脊及山谷线的方向上。与等高线相连的一端指向上坡方向，另一端指向下坡方向。

它总是指向海拔较低的方向，有时也叫做降坡线。

比如山丘和洼地的等高线都是一组闭合曲线。在地形图上区分山丘或洼地的方法是：凡是内圈等高线的高程注记大于外圈者为山丘，小于外圈者为洼地。如果等高线上没有高程注记，则用示坡线来表示。

示坡线是垂直于等高线的短线，用以指示坡度下降的方向。示坡线从内圈指向外圈，说明中间高，四周低，为山丘。示坡线从外圈指向内圈，说明四周高，中间低，故为洼地。

四、等高距

等高距是地形图上相邻两条等高线的高差，常用 h 表示。

等高距的大小是随地图比例尺的大小而定的。大比例尺的地图，缩小的倍数小，地貌表示详尽，等高线间距可以很小；而在小比例尺地图上，地貌表示粗略，等高线间距必须加大。另一方面，地图的比例尺虽然相同，等高距的大小又可因地图所表示的内容和地形的起伏情况而定不同的标准。

同一地形，等高距越小，则等高线越密，地貌显示就越详尽；相反，等高距越大，则等高线越稀，地貌显示就越简略。

国际定向动联合会(International Orientering Federation，缩写为 IOF)规定：定向越野地图的标准比例尺为 1:15 000，等高距 5 米。在大面积的平缓地形，其他地物不多的情况下，也可以采用 2.5 米等高距。

5. 定向地图方位与磁方位角

定向地图的方位是上北下南、左西右东。图上绘有的若干条相等距离的、平行的、北端带有箭头的红色线条,这就是磁北方向线。磁北线所指的方向是地图的北方。可以利用这条线确定地图的方位,标定地图、量测磁方位角、估算距离等。

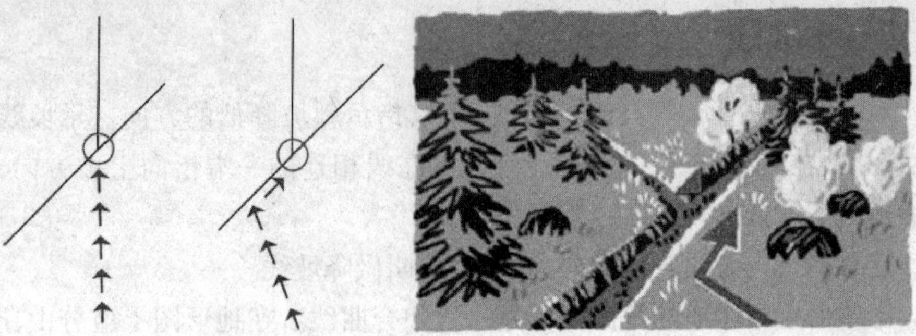

图 4-26 定向方位图例

磁方位角也是定向越野中的一个重要参数,对确定方位有很大的帮助。

什么是磁方位角呢?

在应用地图的过程中,往往需要从图上判断两点的相对位置。如果仅有两点间的水平距离,而没有方位关系,显然无法确定亮点的相对位置。而要确定两点之间的方位关系则必须规定起始方向,然后求出两点间的连线与起始方向之间的夹角,以此确定亮点的相对位置。这就需要用方位角来表示,它是从起始方向北端算起,顺时针转至目标方向线间的水平角,角值变化范围在 0 度 ~360 度,起始方向为真子午线,其方位角称为真方位角;起始方向为磁子午线,则其方位角称为磁方位角。定向地图中都以磁北为起

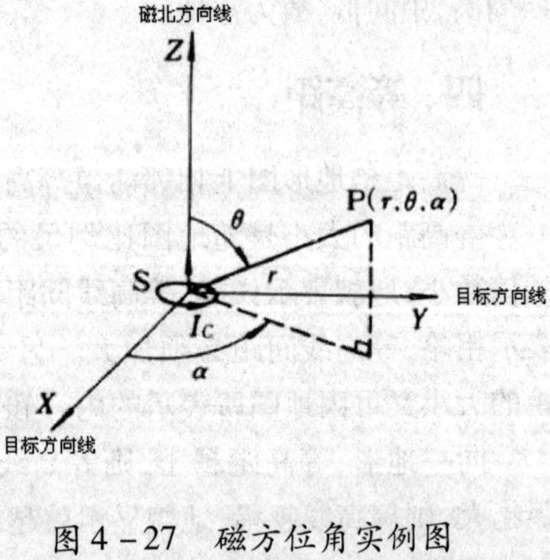

图 4-27 磁方位角实例图

始方向，故所用的方位角均为磁方位角。

二、指北针(Compass)

主要作用是辨别方向、标定地图、确定站立点与目标点的方向等。定向运动中使用的指北针一般都以装有磁针的透明有机玻璃盒为主体，根据选手使用方式上的差异分为两类：基板式和拇指式。在有机玻璃盒内一般装有起稳定作用的特殊液体，能够增强磁针的稳定性，特别适宜在奔跑中使用。

（一）指北针的种类

1. 基板式指北针

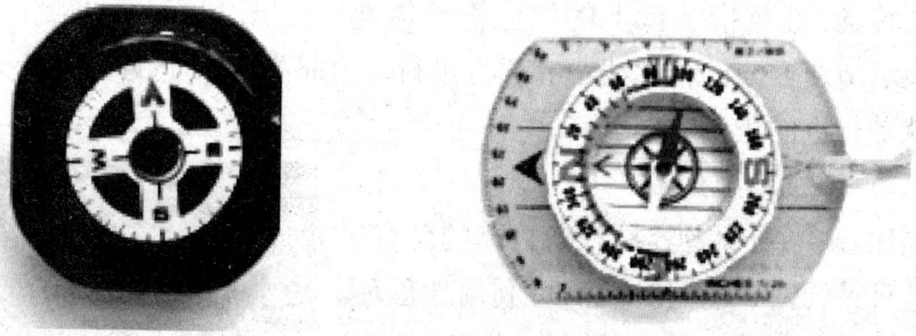

图 4－28　基板式指北针

2. 拇指式指北针

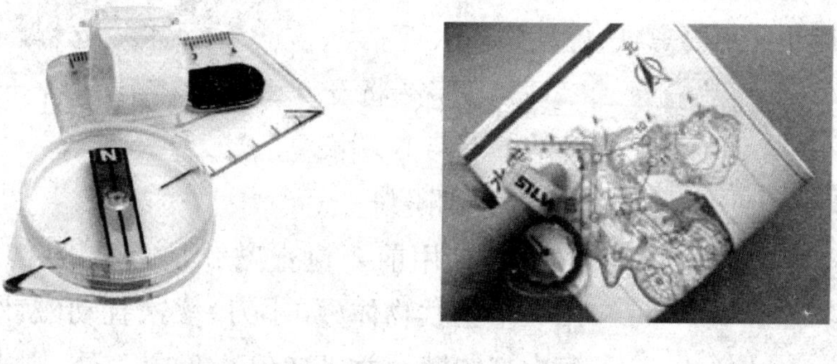

图 4－29　拇指式指北针

一般套在左右拇指上。国际著名的指北针生产商家，瑞典 silva 公司还专门为左撇子选手设计了右手习惯的拇指式指北针。

（二）指北针的使用方法

1. 用指北针给地图定向（标定地图）

将地图与指北针置于水平状态，前进方向箭头朝向地图上方，与地图上磁北线平行。转动地图和指北针，使磁针北端对正磁北线。

2. 用指北针确定目标点的方向

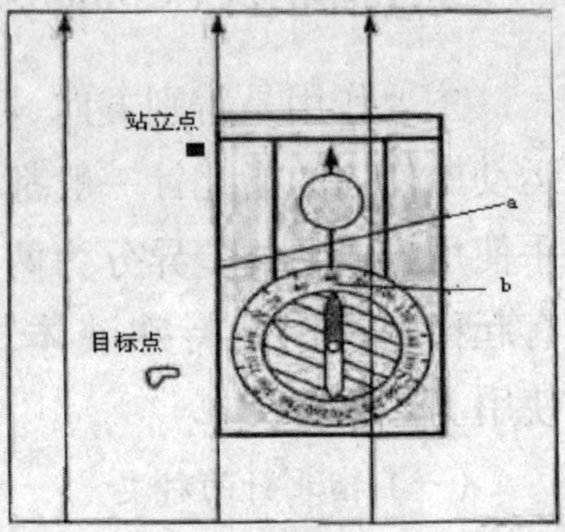

图 4－30

指北针与地图水平放置，使直尺边垂直于站立点至目标点的连线，前进方向箭头朝向目标方向。水平转动指北针与地图，身体也随之转动，直至指北针上的红色指针与地图上表示南北方向的指北线都和北方平行。这时指北针上的方向箭头所指方向就是行进的正确方向。

（三）测定自己的位置

在比赛中，初学者容易忽略自己的位置。遇到这种情况时，应保持冷静，可利用地理环境及指北针找出自己在地图上的位置，再定出前往目标的路线。

图 4－31

使用指北针的注意事项

1. 尽量保持指北针水平放置

2. 指北针不要离铁、磁性物质太近。

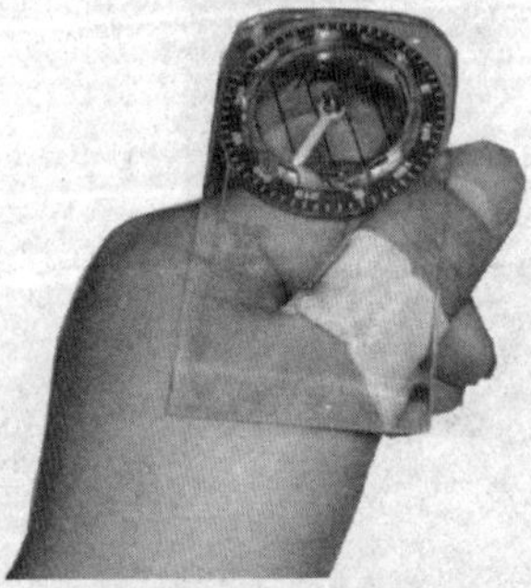
图 4－32

3. 不要将磁针的 S 端与 N 端混淆，以造成误判。

4. 使用前要检查磁针是否灵敏。其方法是用一个钢铁物体（如小刀）多次扰动磁针，若磁针每次都能摆动并迅速停止于同一处，则表明磁针灵敏；反之则说明磁针不灵敏，该指北针已不能使用。

5. 存放指北针的时候要注意存放的位置。不要放在充满电磁效应的地方，例如音箱喇叭的上面，因为喇叭上方的电磁场很强。此外，在阳光下暴晒会减弱磁针的磁性，对指北针也是不利的。

三、检查点点标(Check bit standard)

检查点点标是由3面正方形标志旗连接组成的。每面正方形小旗沿对角线分开，左上为白色，右下为红色，旗的尺寸为30厘米×30厘米。标志旗通常要编上代号，以便于选手根据代号来判断是否找到了正确的检查点。

悬挂标志旗的方法有两种：有桩式和无桩式。悬挂高度一般从标志旗上端计算，距地面约80～120厘米。

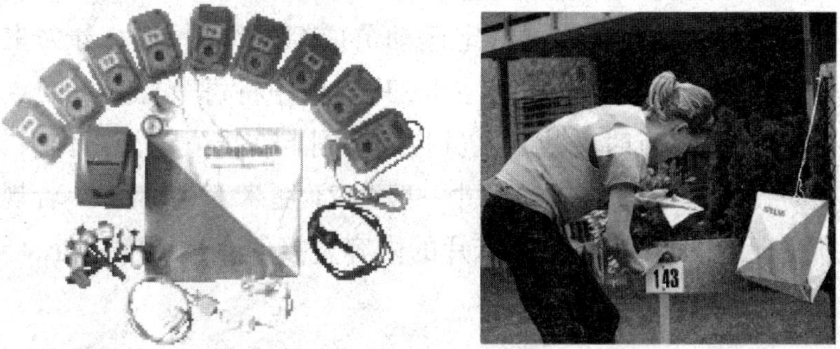

图4－33

四、打卡器(Clocking device)

打卡器是与检查点点标的配合而起作用的，它给运动员提供一个到达位置的凭据，分为钳式打卡器和电子打卡计时器。钳式打卡器用弹性较佳的塑料材料制成，一端装有钢针，另一端装橡胶垫。每个打卡器的钢针组合图案都不相同，运动员可在记录卡上打孔，也可直接将孔打在地图上的记录卡上。这种打卡器价格便宜，使用方便，适用于日常教学与训练及一些小型比赛。目前在国内外的大型定向比赛中都采用先进的电子打卡器计时系统。电子打卡计时系统不仅使运动员的打卡操作变得更加容易，组织者工作变得极为简单，也使比赛更公平公正。

图 4—34　钳式打卡器

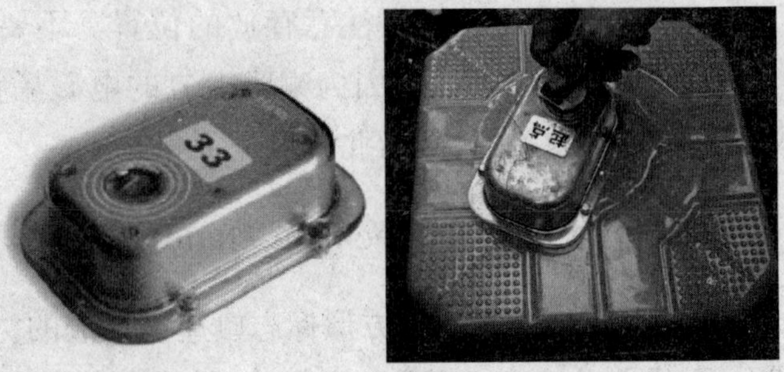

图 4—35　电子打卡计时器

五、检查卡片(Check Card)

这是用于配合针孔打卡器判定运动员成绩的纸制卡片,分为主卡和副卡两部分。运动员在比赛中携带主卡,并按顺序将每个检查点的点签图案印在空格中,到达终点时交裁判人员验证。副卡在出发前交工作人员留底,公布成绩时使用。检查卡片的尺寸一般为 21 厘米 ×10 厘米。若规定比赛完毕必须交还地图,可以将检查卡片的内容直接印在地图空白处,样式可自行确定。

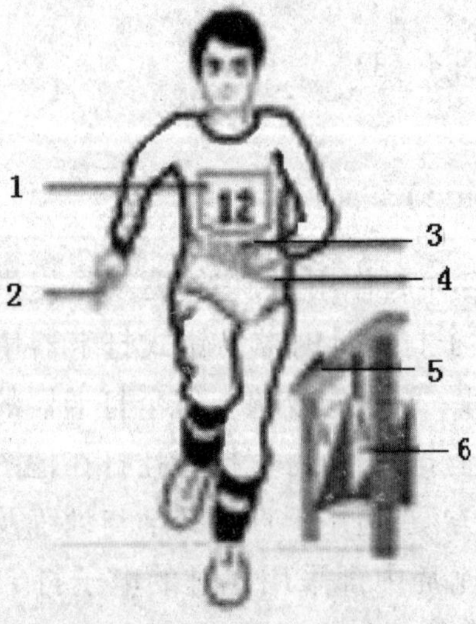

1 号码布
2 指北针
3 检查卡片
4 地图
5 点签
6 检查点

图 4 - 36

六、个人装备(Personal Equipment)

(一)衣裤:紧身而不致影响呼吸与运动。为防止树枝刮伤和害虫侵袭,最好穿面料结实的长袖衣和长腿的裤子甚至使用护腿。

(二)鞋:应该轻便、柔软而又结实。鞋底的花纹最好是有凹凸的。

(三)护腿:采用弹性面料及泡沫材料制成,防止在定向比赛奔跑过程中小腿被树枝等碰伤并保护好腿不被蛇、虫咬伤。

图 4 - 37

图 4 - 38

(四)号码布:号码布的面积一般不超过 24 厘米 ×20 厘米,号码数字的高不小于 12 厘米,字迹要清晰,字体要端正。

(五)哨子:基于安全,哨子是运动员必备的用具。在遇到危机事件需要救助时使用,通常呼救哨声是连续 6 声,每隔 1 秒 1 声哨声,暂停等候回应,如无回应,再重复吹哨呼救。

(六)手表:如果参加夺分式定向赛,应带有手表。

第三节　定向运动的技能

在定向运动中熟练地掌握使用国际定向地图与指北针的各种方法具有特殊的重要意义。认识定向地图是为了正确地使用定向地图,因此,在学习定向运动技能的阶段,必须选择最合适的场地、用较多的时间去进行使用定向地图与指北针的训练。

一、标定地图(Calibration Map)

标定地图就是为了使定向地图的方位与现场的方向相一致,这是使用定向地图的最重要的前提。

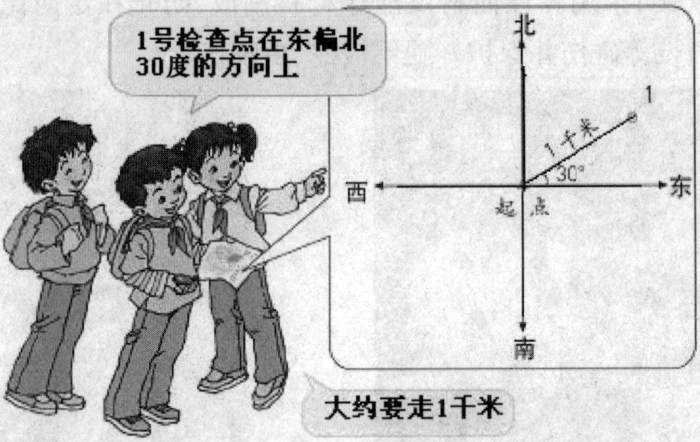

图4-39

(一)概略标定

定向地图上的方位是:上北、下南、左西、右东。当我们在现地正确地辨别了方向之后,只要将地图的上方对向现场的北方,地图即已标定。这种方法简便迅速,是定向越野比赛中最常用的方法。

(二)利用磁北线(MN线)标定

先使透明式指北针圆盒内的定向箭头"↑"朝向地图上方,并使箭头两侧的平行线与地图上的磁北线重合(或平行),然后转动地图,使磁针北端对正磁北方向,地图即已标定。

图4-40

(三)利用直长地物标定

利用直长地物(如道路、土垣、沟渠、高压线等)标定地图，首先应在图上找到这段直长地物，对照两侧地形，使图与现场各地形的点的关系位置概略相符，然后转动地图，使图上的直长地物与现场的直长地物方向一致，地图即已标定。

(四)利用明显地形点标定地图

当你位于明显地形点上，并已从图上找到该地形点的位置(即自己所在的站立点)时，可以利用明显地形点标定地图。方法是：先选择一个图上与现地都有的远方明显地形点(目标)，然后转动地图，使图上的站立点至目标的连线与现场的站立点至目标的连线相重合，此时地图即已标定。

二、对照地形(Topographic contrast)

就是要通过仔细的观察，使图上和现场的各种地物、地貌"对号入座"，即相互对应。主要作用有两个：一是在站立点尚未确定时，只有正确地对照地形，才能在图上找出正确的站立点位置；二是在站立点已经确定，需要变换行进方向时，只有通过对照地形，才能在现地找到已选定的最佳行进路线。对照地形一般应先标定地图，然后根据不同的需要采用不同的对照方法：

图 4-41

(一) 在站立点尚未确定前：首先应概略地标定地图，然后迅速地观察一下周围，记清最大或最有特征的地物、地貌的大概方位与距离，并从图上找到它们，此时站立点的位置即可概略地确定。

(二)在站立点已经确定之后：同样首先应概略地标定地图，然后从图上查明自己选定的运动路线上近前方两侧的特征物，同时记清他们的大概方位与距离，并将它们在现地辨别出来，然后再前进。

三、确定站立点(Determine the stand - point)

(一)直接确定

图 4 －42

当自己所处位置是在明显地形点上时，只要从图上找出该地形点，站立点即可确定。这是一种在行进中，特别是奔跑中最常用的方法。但是，采用直接确定法的困难在于：在紧张的进程中，怎样才能很快地发现可供利用的明显地形点？当同一种明显的地形点互相靠近的时候，这样才能够正确地区别他们，防止“张冠李戴”，可以称得上是明显地形点的地物主要有：

1. 单个的地物；

2. 现状地物的拐弯点、交叉点(呈“十”字形)、交汇点(呈“丁”字形)和端点；

3. 面状地物的中心或者有特征的边缘要有：山地、鞍部、洼地；特殊的地貌形态:陡崖、冲沟等;谷地的拐弯、交叉和交汇点;山脊、山背线上的转折点、坡度变换点。

(二)利用位置关系确定

图 4 -43

当站立点位于明显地形点附近时,可以采用位置关系法。利用位置关系法确定站立点主要是依据两个要素,一是站立点至明显点的方向,二是站立点至明显点的距离。在地形起伏明显的地方,还可以结合高差情况进行判定。

(三)利用"交会法"确定

当站立点附近无明显地形点时,可以利用"交会法"确定站立。按不同情况,它又可以具体分为截线法、90 度法、后方交会法和磁方位角交会法。这些方法的优点是:不需要判断或测量距离也能确定出较为准确的站立点位置,这对于初学者学习、巩固使用定向地图的训练是很有意义的。

1. 截线法:当待测的点位于线状地形上,但在其与运动方向相垂直的方向上没有明显地形点,可以采用此法。其步骤是:

(1)定地图;

(2)线状地形的侧方选择一个图上与现地都有的明显地形点;

(3)用指北针的直长边缘(也可用三棱尺、铅笔等)切于图上明显地形点的定位点上(为便于操做可插一个细针),然后转动指北针,使其直长边照准该地形点；

(4)指北针的直长边向后画一条方向钱，该方向线与线状地形符号的交点，就是站立点在图上的位置。

2. 90度法：当待测的点位于线状地形（包括道路、沟渠、山背线、谷底线、坡度变换线等）上时，如果在与运动方向相垂直的方向上能够找出一个明显地形点，那么确定站立点就简单得多。线状地形符号与垂直方向线的交点即为站立点。

图4－46

3. 后方交会法

通常要求地形较开阔，通视良好。其工作步骤如下：在图上找到选定的方位物之后，标定地图；然后按照截线法的步骤分别向各个方位物瞄准并画一条方向线，图上方向线的交点就是站立点。

4. 磁方位角交会法

选择图上和现地都有的两个明显地形点，并用指北针分别测出至该两地形点的磁方位角；标定地图，将所测磁方位角图解在地图上。图解磁方位角时，要先转动指北针的分度盘，让指标分别对正所测的方位角值，再将指北针的直长边分别切于图上被照准的两个地形点符号并转动指北针；待磁针与定向箭头重合后，分别沿直长边描画方向钱。两方向线的交点，就是站立点在图上的位置。

图4－47

四、按图行进

利用地图行进是定向越野的基本运动方式，学习辨别方向，识别定向地图以及标定地图，对照地形确定站立点，都是为了能够熟练地利用地图行进。因此,在实践中要根据地形情况,个人特点,选择下述对自己最适合的方法,反复练习,融会贯通,以便在比赛时不降低或减少运动速度的情况下,始终正确地行进在自己选定的路线上,顺利到达目的地。

图 4－46

(一)记忆法

一般要按行进的顺序,分段地记住路线的方向、距离、经过的地形点、两侧的辅助(参照)物。通过记忆,应该使自己具备这样一种能力:实地的情景能够不断地与记忆的内容“迭影”、印证,即“人在地跑,心在图上移”。

图 4－47

（二）拇指辅行法

先明确自己的站立点和将要运动的路线，到达目标，然后转动地图（身体要随之转动），使地图与实地的方向一致，并用拇指压于站立点一侧，再开始行进。行进中要根据自己所到达的位置，不断移动拇指，转动地图，保持位置、方向的连惯性与正确性。

（三）借线法

当检查点位于线状地形或其附近时，可以采用此法。行进时，要先明确站立点，再利用易于辨认的线状地形，如道路、围栏、高压线、山背线、坡度变换线等，作为行进的“引导”，使自己运动时更有信心。由于沿着线状地形前进尤如扶着楼梯的栏杆行走，因此国外称这种方法为“扶手法”。

图 4－48

（四）借点法

当检查点附近有高大、明显的地形点时，可用此法。行进前，要先将目标辨认清楚（亦可用其他物体佐证），然后用最快的速度前往检查点。

（五）导线法

当站立点距离检查点较远，途中地形又很复杂时，可以采用此法。行进过程中，要多次利用各个明显地形点，确保前进方向与路线的正确性。但需注意:切勿将相似的地形点用错。

五、迷失方向后的办法

当在现地找不到目标,同时又无法确定站立点时,就是迷失了方向。下面介绍的是寻找正确方向的几种常用方法。

(一)沿道路行进时:标定地图,对照地形,判明是从哪里开始发生的错误以及偏差有多大,然后根据情况另选迂回的道路前进。如果错得不多,可返回原路再行进。

图 4－49

(二)运动行进时:应尽早停止行进,标定地图后选择最适用的方法确定站立点,然后尽量取捷径插到原来的正确路线上去,不得已时再返回原路。

(三)在山林地中行进时:根据错过的基本方向,大概距离,找出最近的那个开始发生偏差的地点,并以此为基础,确定出站立点的概略位置。如果错得太远,确定不了站立点,又不能返回原路,就要在图上看一看,迷失地区附近是否有较大型或较突出的明显地形(最好是线状的),如果有,就要果断地放弃原行进方向并向它靠拢,并利用它确定站立点。如果没有这个条件,那么就继续按原定方向前进,待途中遇到能够确定站立点的机会后,再迅速取捷径插向目的地。在山林中行进,最忌讳在尚未查明差错程度和正确的行进方向都不清楚的情况下,匆忙而轻易地取"捷径"斜插,这样很可能造成在原地兜圈子。如果在山林地中迷失了方向,甚至连“总的正确方向”都无法确定,那么就需要使用指北针。

【小贴士】百米定向运动

百米定向(100metres of orienteering)是由俄罗斯人 Mr. Maxim Riabkin 最早提出并实现的。所谓百米定向就是在大约 100×100 米的场地内进行比赛。在比赛过程中,观众可以看到运动员比赛的全过程,而且赛场内还可能会伴有音乐。有意思的是运动员可以在出发区得到一张地图,并且在赛前分析地形和做路线选择。

图 4-50

比赛区、起点和终点是有严格界限的,未出发运动员不能够看到别的运动员的比赛过程。比赛地图采用 1:500 的大比例地图,等高距为 1 米。在比赛区域内的每一棵树木都被标注在图上——非常细致:与此同时,组织者还要另外加一些 CONTROL FLAG 以增加比赛难度。

比赛的路线一般为 150~400 米,设置 5~13 个点标,预计胜出时间为 1~3 分钟。

在一次比赛中,共有 36 名运动员参赛,记者对 Tatiana Pereliaeva(世青赛冠军)进行了短暂采访:

记:恭喜你获得比赛的冠军,你对百米定向有什么感想?

Tatiana：哦，我本来没料到这个比赛会是这么困难，但这确实很难……一些参赛运动员甚至没有在做定向，还有的连比赛都没能够完成。对我来说最困难的是习惯这种不寻常的比例(1∶500)，还有就是在“纵目睽睽”之下完成整个比赛。我想这次比赛对我来说是一次很好的技术训练。我想对赛事的组织者说：非常感谢他给大家带来新的东西！还有，我想百米定向有助于向那些不了解定向的人生动有趣的介绍定向，同时它还能够提高定向的可视性，在电视机前向广大观众生动的展现。

图4－51

第五章

野外生存(Outdoor survival)

野外生存是山地户外运动中比较基础的活动项目，它涉及到我们在自然条件下的吃、住、行以及在户外的人身安全与舒适。本章将讲述野外生存的基本理论知识，野外生存所需要的装备及体能要求和野外生存的基本技能，丰富中小学生野外生存知识，提高中学学生野外生存能力。

第一节　野外生存的基本理论知识

一、野外生存的概念

野外生存是指在远离居民点的山区、丛林、荒漠、高原、孤岛等复杂地形的区域中，没有外部提供生命所赖以维持的物质条件的情况下，个人或小集体靠自己的努力，在不太长的一段时间内，保存生命和维持健康的基本手段和方法。

图 5－1

总的来说，"野外生存"就是：猎捕动物和采食野生植物充饥；就地取材，构筑简易的露营遮棚；判定方位、迷途的处置；野外危险的自救等，即吃、住、行、自救 4 项。

二、野外生存的类型

野外生存可分为被动性和主动性两种。

被动性的野外生存是指出外界的不可抗力或不可预测的意外所致。如自然灾害、迷路、交通工具的失事战争等。这种情况不常见,但是也不能完全避免。积极主动参加野外生存训练,学习并掌握一些有关野外生存的知识和技能是很必要的,应有"未雨绸缪"地应付一些可能性的心理准备、知识准备和技术准备。

图 5 -2

图 5 -3

主动性的野外生存是指人们有计划、有准备地模拟某些场景或安排某些活动,让参加者经受考验和磨练,战胜艰难险阻、战胜自我,安全完成预定计划的过程。主动的野外环境适应、生存本领训练以及自我潜能的开发正是人类适应环境变化,充分发挥主动性的一个良好手段。

图 5—4

图 5—5

三、野外生存训练的价值

(一)学生在与自然的亲密接触中学会野外生存生活的基本技能

通过“野外生存生活训练”,学生可以掌握埋锅做饭、下河捕鱼、分辨可食植物、搭建帐篷宿营、获取食物和水、看地图、使用GPS和指北针等基本的野外生存生活技能;学会如何处理有毒的动植物、受伤、迷路等紧急情况。

图5-6

(二)学生在挑战各种困难中提高身心素质

通过“野外生存生活训练”,既可增强学生体能,又能培养其果断冷静、坚忍不拔、勇于探索、克服困难的意志品质。

(三)学生在协同解决问题的过程中增强社会适应能力

通过“野外生存生活训练”,学生可以从最初的相互不默契、不融洽发展到活动中的和谐相处、彼此信任;从活动开始时的“以自我为中心”到后来的考虑他人、主动帮助他人,懂得团队精神的重要性。

(四)学生在陶冶情操的同时培养审美情趣和环保意识

“野外生产生活训练”使学生深深感到“远离大都市的喧嚣,面对美丽、沉静的大自然,陶冶了情操,净化了心灵”;建立起“爱护环境,从我做起,携起手来保护人类共同家园”的意识。

第二节 野外生存的装备

由于野外生活环境条件的特殊性,对个人着装装备也有一定的要求。

野外生存的个人装备主要包括：

1. 背囊(Backpack)：背囊容量的大小与野外生存的天数有直接关系，一般不应小于50升。

图5－7

2. 登山鞋(Hiking shoes)：橡胶底加上防刺钢板，真皮鞋面和全棉鞋腰，防滑透气，能很好地保护脚部和踝骨的鞋子。

3. 绳索(Rope)：建筑工人使用的安全绳和锁扣是物美价廉的代用品。一般登山绳索长20米左右即可。

图5－8

4. 电筒及荧光棒(Torch and light sticks)：野外生存用的电筒要求照射距离不小于50米，电池使用时间不小于5小时，电筒自身至少达到30米深能防水，电筒配有备用灯泡。发光2小时以上的荧光棒，可以作为辅助光源在野外使用。

5. 指北针(Compass)：去野外探险，建议还是使用专用指北针为好。其实指北针同相应地图配合使用时的作用最大，出发前应充分掌握指北针的使用方法。

6. 求生哨(Survival Whistle)：在荒郊野外，遇险者如果采取喊“救命”的方式来引起救援人员注意的话，不到15分钟就会喊得声嘶力竭，而一个小小的塑料哨子，只要还有一口气，就能吹响它，而且，在探查出路，寻找水源时，事先约定好的哨声的间隔长短和不同组合，都是野外近距离联络时最方便和最简捷的通信方法。

图5－9

7. 求生刀具(Survival Tool)：在野外进行砍柴生火、搭帐篷、制作路标、开挖排水沟等工作时有用。

8. 手表(Watch)：相对于一般的手表，野外生存用表除精确还应至少做到防水和具有夜光功能。

9. 通信工具(Communication tools)：野外探险活动，活动范围多在人烟稀少的地区，手机信号未必覆盖得到,小型对讲机,具有体积小、重量轻,通话质量好的特点,是野外远足的首选。

10. 帐篷(Tents):在野外,帐篷的主要功能是防风、御寒、避免昆虫及小动物滋扰,保证使用者能够得到良好充分的睡眠,对保持使用者的体力起着至关重要的作用。

图 5-10

11. 睡袋及防潮垫(Sleeping bag and moisture-proof pad)

野外生存用的睡袋至少要达到防潮、保潮透气、质量轻、体积小的基本功能要求。

12. 生火工具(Fire tools):野外用的生火工具主要还是火柴或打火机,经常使用的火柴分别为野外防风火柴和野外防水火柴。

13. 水壶(Kettle):水对于野外生存者非常重要性,推荐水壶为铝合金制品,容量为1.5升,水壶下端配有一个铝合金的饭盒,大小刚好可以煮一袋方便面,十分实用。

图 5-11

图 5-12

14. 望远镜(Telescope):置身野外,观察野生动植物,寻找水源,判定行动方向等都少不了望远镜。

15. 收音机(Radio):在野外,可能是你了解新闻和天气等相关信息的唯一渠道。

16. 照相机(Camera)：出行前应确认照相机或录像机电力充足，胶卷和录像带有备份。

17. 备用食品(Alternate food)：备用食品是必不可少的。常见的有压缩干粮，面粉、白砂糖、精炼油、葡萄糖粉、奶粉、精盐、人参皂甙等原料制成，净重250克，可提供5248千焦的热量。

另外还有一些较小的常备物品如：岩石锤、升降器、救生衣、打火机、火柴、蜡烛、塑料袋、铅笔、缝纫包、抗生素药片、高锰酸钾、创可贴、钢锯等。

图5－13

【小贴士】：野外生存之小材大用

以下一些物品一定要备齐：

1. 红霉素眼膏

红霉素眼膏是一种常用的抗菌药。它的本职是用于眼睛外部的感染症。在野外吃喝住行不适时，尤其是饮水不足时会上火，症状是在面部的某个部位，会有脓包“拔”地而起。当受伤后，伤口常常感染，红肿不愈；气候干燥会使外露的皮肤裂口等，这时都可以用红霉素眼膏涂抹患处，症状便会消失。

2. 缝衣针

在野外活动，免不了扎个刺，疼痛难忍，不及时弄出来还可能发炎、化脓。如果你外出时带上一颗缝衣针，就可剔除外侵物。切记，在挑刺时缝衣针的针尖要在火上烧一下，确保消毒卫生。另外，要挤压“刺眼”使其出血，这样才不会感染。涂上一点红霉素眼膏将会更加安全。

3. 伤湿祛痛膏

行走在野外，荆棘、酸枣树枝等难免把外裤刮破，如不及时补上，就会越破越大。这时可用伤湿祛痛膏在口子的里外面贴好，即方便又快捷还不影响活动。等到野外活动结束之后，回到家中再“正规”修补。行李绳子去野外活动备上一根10米长5毫米粗的尼龙行李绳，在关键时刻会大显身手。

第三节 野外生存的体能要求

体能是指人体在运动过程中所表现出来的各种基本运动能力。在野外生活中,由于各种地理环境和气候条件等因素的制约,对人体的体能提出了一定的要求,对耐力素质和力量素质的要求显得相当重要。

一、耐力素质(Endurance)

耐力素质:指有机体克服工作过程中所产生疲劳的能力。疲劳就是由于工作而引起的工作能力的暂时性降低,其表现为工作较困难或完全不能继续按以前的强度工作。

图 5－14

影响耐力素质的因素很多,有生理的、心理的、其中包括最大需氧量、机体内能源物质的储备、工作能力的节省化和利用机能潜力的效果、运动和植物性功能的稳定性、变异性和个体心理素质等。因此,提高人的一般耐力素质的主要任务是:尽可能提高自己的最大摄氧能力,提高机体内各部分肌肉细胞的氧化能力,使机体产生机能节省化现象,不断提高自己适应野外活动所有体能的要求。提高人的一般耐力素质,对适应野外生活显得尤为重要。

发展耐力素质训练常用的手段与方法主要有:1. 各种形式的长时间跑;2. 长时间进行的其他周期性运动,如速度滑冰、划船、骑自行车等;3. 克服自身体重的反复性练习,较长时间地持续练习等。

二、力量素质(Power quality)

力量素质是指人体肌肉工作时依靠肌肉紧张克服抗阻力的能力。力量素质是人体最基本的身体素质,是进行一切体育活动和体力劳动的基础。在野外活动中,人的跑、跳、投及攀登,爬越等各种运动均离不开力量素质。人想要跑得快,就要有较好的腿部后蹬力,攀爬和提拉重物等也离不开上肢、腰腹部及腿部的力量素质。

图 5－15

发展力量素质练习的方法和手段主要有：

1. 杠铃和哑铃练习：杠铃和哑铃是力量练习的常用手段，青少年学生可用很轻的非标准重量作为负重进行技术练习。

2. 综合力量素质练习：这种方法安全，脊柱承受负荷较轻或为零。可以全面锻炼各部肌肉，尤其是增强肩带、腿部和腰腹力量素质。

3. 速度素质训练：通过短跑起跑、上坡跑、沙地跑等形式发展下肢爆发力和跑的能力。

4. 弹跳素质练习：各种方式的单脚跳，双脚跳和跳跃障碍等跳跃练习；在草地或体操垫上进行的较长距离或较多跳次的练习。

图 5－16

5. 利用自身体重的静位力量素质练习：俯卧撑、仰卧起坐、引体向上等。

三、速度素质(Power quality)

速度素质是指人体进行快速运动的能力。速度素质是完成走、跑等各种运动技能(跳跃、攀爬等)的基础，速度一般分为反应速度、动作速度、动作频率和移动速度。在野外生活中，动作速度和移动速度是人体快速完成动作和单位时间内完成一定距离位移的重要保证，入野外环境中的快速攀爬、跳越障碍、快速行走和跑动等。

图 5－17

发展速度素质的方法和手段主要有：

1. 原地支撑、快速高抬腿跑。

2. 快速踢、踹、击打等。

3. 跑的专门性练习(小跑、高抬腿跑、后蹲跑、车轮跑等)。

4. 各种跑的练习(加速跑、反复跑、间歇跑、变速跑、上下坡跑等)。

第四节　野外生存的基本技能

一、野外生存基本生活条件的获取

(一) 野外取水(Field water)

1. 水源线索

多种生长茂盛的植物；注意观察有许多动物会在拂晓或黄昏时分出来觅水；大片郁郁葱葱的草地；动物的足迹；岩石地带的泉水与渗出的流水。

图 5－18

2. 制水方法

利用太阳能蒸馏器；利用植物蒸发袋。

【小贴士】严重干旱或沙漠地区取水步骤

图 5－19

1. 挖个能被现有的布盖住的圆洞，深度即是圆洞的半径长，首先垂直挖洞壁，然后向中央倾斜。

2. 在洞的中央放置容器，若以塑胶袋代替时，要将凹处埋进地面。

3. 用布盖住整个洞，以石块固定住四周。在布的中央，也就是在容器的上方的那一点放上小石子，使布的倾斜度在25度～40度之间。在布的边缘整个压上土，使洞成密闭状态。这样一来，土内所含的水分就会蒸发并附着在布的内侧，并成为水滴而流向布的尖端，存入容器内。水分凝结成水滴，约要盖1～2小时。如果有容器到穴外的长管子，就可不必破坏取水装置而喝到水；若没有管子，在取水后再做同样的装置就可以了。

3. 水的净化方法

图 5－20

把水煮沸；利用水质净化药片(清水用1片，浑水用2片)；在清水内滴入适量的2%的碘溶液，静置30分钟以上即可饮用。

4. 污染水质的识别方法

(1)带有异常气味，或者水面上漂浮着泡沫、气泡的水源。

(2)已经改变颜色或者褪色的水源。

(3)水源地周围缺少健康绿色植物。

(二) 寻找食物(In search of food)

1. 野外能食用的植物

(1)普通夜樱草：分布于较为干旱的开阔原野。体型较高，多叶，有绒毛。叶片呈梭形，叶缘有皱。有时在红色花茎顶端长出大型黄色四瓣花。其根煮熟后可食用，煮食过程中应几次换水以冲淡刺激性气味。

图 5－21　夜樱草

图 5－22　菩提树

(2)菩提树:树干挺拔,高可达 26 米,常分布于潮湿林区。叶片大,呈心形,边缘有锯齿。黄花满溢清香簇生。幼叶及尚未伸展的叶芽都可以生食;花可以用来泡茶。

(3)蛇麻草:分布于灌木丛中的攀缘性植物,茎长而扭曲,叶缘有锯齿,呈三瓣。绿色钟形雌花。切成片煮沸可供食用,花可以用来泡茶。

图 5－23　蛇麻草

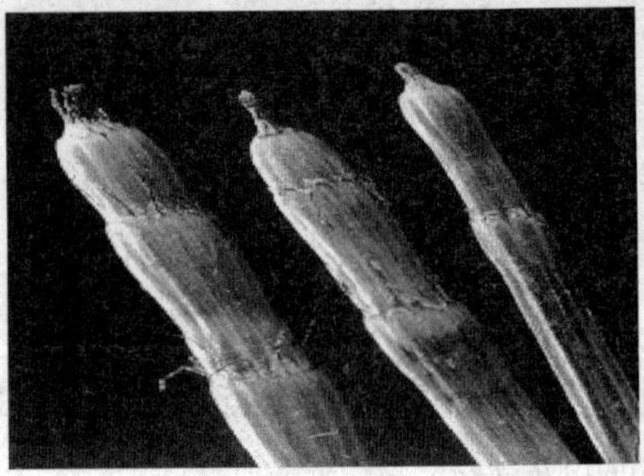

图 5－24　节节草

2. 野外能食用的根:

大部分植物根或块根富含淀粉,但食用时最好将其彻底煮沸。

(1)节节草:平均高约 30～60 厘米,叶呈狭三角形,花穗是白色或淡紫色;多生于野荒之地或多林地区。浸泡根部以除去苦涩味,烧熟后可以食用。

(2)银草:体小,匍生,叶序上小叶对生,背部呈银白色。顶端细长,花茎上长着单朵黄色五瓣花;多分布在潮湿地带。根肉质可以生食,但最好烧熟后食用。

(3)野豌豆:匍生,高30~60厘米,小叶呈卵形、对生。淡黄绿色,覆瓦状花;多分布于草地、灌木丛或沙地之中。

图5-25

3. 野外能食用的果实

夏季起始,野生水果或坚果会逐渐成为求生者最主要的食物来源之一。野果有些种类分布很广,甚至能在北方的苔原地区生存。

图5-26

山楂类:有刺小灌木,分布于灌木丛及野外荒地,羽状叶深缺刻,花枝上簇生白、淡紫或红色小花,秋季结出红色浆果,果肉酸甜,可以生食。嫩茎顶端也可食用。

山梨树:在森林火多岩地区很常见,高可达15米,树皮灰色、光滑,复叶对生、边缘有小齿。白色花着生于伞状花萼上。果实簇生,成熟呈橘红色,可以食用,具刺激性酸味。

野桑树:一般高6~20米,卵形叶,有时具深度缺刻。叶腋部生有柔花序,浆果呈红褐色,可以生食。广泛分布于温带多林地区。

柿树:分布于东亚和美国南部温暖干燥地带,各地都有引种。高可达20米。叶小、缘成波纹形、叶梭形,可制茶,富含维生素C。果实为浆果,类似西红柿,黄、红至紫红色,可以生食。

毛栗:高大灌木,多分布于山坡野地。叶呈卵形至心形、革质,边缘有锯齿。棕黄色壳果,富含营养,外被叶状多毛外壳。

4. 野外的有毒野菜

(1)狼毒草 : 又名叫断肠草。高15~33厘米,根浅黄色,有甜味。叶片呈线形,花黄色或白色,也有紫红色。全棵有毒,根部的毒性最大。吃后呕吐、烧心、腹痛不止,严重的可造成死亡。

图 5 - 27

图 5 - 28

(2)老公银:又名叫蛇床子、野胡罗卜。根在幼苗时为灰色,长大后成浅黄色,像胡罗卜。叶柄黄色。老公银的幼苗和茎发红,无臭味;而老公银的臭味很大,叶和根都有剧毒。吃后会造成死亡。

(3)苍耳子:又名耳棵。生长在田间、路旁和洼地。三四月份长出小苗,幼苗像黄豆芽,向阳的地方又像向日葵苗;成年后粗大,叶象心脏形,周围有锯齿,秋后结带硬刺的种子。全棵有毒,幼芽及种子的毒性最大,吃后可造成死亡。

图 5 - 29

图 5 - 30

(4)曲菜娘子:冬季它的根不死,春天出芽,长出小苗。叶狭长较厚而硬,边有锯齿,大部分叶子贴着地面生长,秋后抽茎,高 0.5 ~ 1 尺多。籽很小,上有白毛。幼苗容易和曲菜苗相混,但曲菜叶较宽而软,锯齿也不明显。吃了曲菜娘子脸部会变肿。

(5)毒芹:又名野芹菜、白头翁、毒人参。生长在潮湿地方。叶像芹菜叶，夏天开折花，全棵有恶臭。全棵有毒，花的毒性最大，吃后恶心、呕吐、手脚发冷、四肢麻痹，严重的可造成死亡。

图 5－31

图 5－32

(6)野生地：又名猪妈妈、老头喝酒。春天开紫红色花，有的带黄色，花的形状像唇形的芝麻花。根黄色，叶上有毛，有苦味。吃后吐、泻、头晕和昏迷。

(7)毒蘑菇：其种类很多，常见的有毒伞、褐鳞小散、白毒散、黑包脚散、内绿菌、褐脚散、残托斑毒散、鬼笔等。多生长在腐烂的物品上，形状特殊，有像小笔、小伞，颜色鲜艳，有白色、红色、黄色，上述 8 种都含剧毒。

值得一提的是，蘑菇的颜色、外形、生态等特征与其毒素没有必然的联系。民间有许多关于毒蘑菇和可食蘑菇的识别方法不一定可靠，因此广大山友在采食蘑菇的时候，应分外小心，若有疑虑拿不准是否有毒，则坚决不采、不食，以免发生不测。

图 5－33

图 5－34

(8)曼陀罗(山茄子):直立草本,高 1 ~ 2 米。叶宽卵形,长 8 ~ 12 厘米,宽 4 ~ 12 厘米,顶端渐尖,基部不对称楔形;全缘或有波状短齿。花单生,直立;花萼筒状,稍有棱裂,长 4 ~ 6 厘米,顶端 5 裂,不紧贴花冠筒;花冠漏斗状,白色、紫色或淡黄色,常常有重瓣。蒴果近球形或扁球形。全株均有毒,毒性物质为莨菪碱、东莨菪碱和阿托品等。中毒的临床表现类似阿托品中毒。潜伏期短者 20 分钟,长者 3 小时,多为 1 小时左右。症状先有唇干口渴、嗓子发苦、吞咽困难、声音嘶哑、皮肤干燥潮红、发热,继而有头晕、瞳孔散大、视力模糊,甚至幻听幻视,严重者心率加快、躁动不安、血压不稳、惊厥、昏迷,甚至因呼吸衰竭而死亡。

5. 淡水区域能食用的鱼、虾、蟹

山溪、河塘中能捕到常见的鱼虾,在瀑布下的岩石或潺潺溪流中的石块下,常常隐藏着螃蟹,只要发现它们的巢穴,就可捕到很多。在湖水、沼池或清澈的小河里,也可以抓到一些身体透明的小虾。虾的动作敏捷,在水中也很难看清楚,所以无法用手抓,但使用捕鱼网,纱布制成的袋子来捞,就容易捕获。

图 5 – 35

6. 点火

图 5 – 36

在野外可以采用打火石或钢片,或使用放大镜、冰磨制凸透镜等聚焦太阳光,或使用钻木取火等取火方式取火。

燃火材料火种:随身携带的棉花等;应把火种保存在一个防火防潮的容器里。

引火物:干燥的树枝、树叶等。

燃料:干枯的大木棍或树干,成捆的干草、干燥的牛粪等。

燃火的地点:燃火之前应选择一个良好的地点以满足取暖和安全烹饪食物的要求,同时注意避免引燃其他物品,防止野外森林火灾。

(三)方向辨别和天气预测(Identify the direction and weather forecasts)

1. 方向的辨别

(1)利用指北针测方向。

图 5-37

图 5-38

(2)利用北极星判定。

在天气晴朗的夜空,可以根据北极星的位置来确定方位。北极星是正北天空的一颗较亮的恒星,位于小熊星座的尾端。大熊星座(即北斗七星)由7颗明亮的星组成,形状像一个"W"。大熊星座和仙后座分别位于北极星的两侧,因此,也可以根据仙后座来判定方向。

(3)利用地理特征判定

有些地物的特征与方向有关。独立大树,通常是朝南方的枝叶茂盛,树皮光滑,朝北的则相反。独立树被砍伐后,树桩上的年轮通常朝北方间隔小,朝南方间隔大。朝南方干燥,青草茂密,冬季积雪融化较快;朝北方潮湿,易生青苔,冬季积雪比较快,冬雪融化比较慢。

图 5-39

图 5-40

(4)利用手表

在上午9时至下午4时之间,用时针对准太阳,此时手表上的时针与12时刻度的夹角平分线所指的方向为南方,相反为北方。但利用手表判别方向时,一是要注意将手表平置;二是该方法在南、北纬20度30分之间地区的中午前后不宜使用;三是要把标准时间换算为当地时间。

2. 识别天气

观察风云的变化可以预测天气:

(1)积雨云:云层较低,高度约在2500米以下,云色乌暗。出现该云常预示有阵雨,或可能会出现强风暴雨、雷鸣闪电。

(2)雨层云:为低层雨云。假如显乌色笼罩天空,则预示在较短时间内会有降雨,下雨的时间可能持续几个小时。

图5-41　积雨云

(3)积云:形状如团团棉絮,蓬松浮在天空中。为了准确判断天气,应掌握积云的变化规律。如果它们逐渐分开,则预示天气晴朗;如果积云的前端越积越多,且范围不断扩大,则预示有一场突如其来的暴雨即将降临。

(4)卷云:云层高度一般在5000米以上,云色纯白呈缕状。天空出现卷云常预示天气晴朗。

(5)卷积云:形状呈小圆块积云,远看如同海浪泛起的涟漪,高度约在

5000 米以上,常被称为“鱼鳞云”。天空出现卷云一般预示天气晴朗。

图 5 - 42 卷云

图 5 - 43 卷积云

【小贴士】根据动物的行为判断天气

燕子低飞天将雨。

蜘蛛张网补网兆天晴。

青蛙成群叫,大雨将来到。

看到猫洗脸会下雨。

蚂蚁搬家会下雨。

乌鸦成群叫,寒潮快来到。

鸡宿迟兆阴雨,鸡晒翅天将雨。

蚯蚓钻出地面会下雨。

鱼跃出水面会下雨。

三、简单生活用具的制作

(一)帐篷的搭建(Tent structures)

1. 决定地点:在考虑风向及地形后,选择一个平坦之地。

2. 帐检查篷用具。

3. 铺设地面垫。

4. 竖起支柱,拉开主绳。

5. 调整主绳,拉起角绳、腰绳。

图 5 - 44

6. 固定墙壁。

图 5 - 45

(二)床铺的搭建(Bed structures)

先用管形床的做法制作支架,然后用两根树干做横档,绑在支架的支撑腿上,且使每边都有富余。再用树干和树枝制成梯子状,并将做好的梯子放在支架横档上,帮结实,最后在梯子上铺上树叶等,就做成了一个不错的床铺。

(三)炉灶的搭建图(Stove structures)

1. 蛇形洞火炉

这种方式可以给火苗提供屏蔽,防止风力干扰。再做一个合适的通道,使得火炉一经点燃就可以烧烤任何食物。在岸边泥质厚实稳固的地方,水平地挖出一个深约 45 厘米的坑洞,再从坑洞上方插进一根木棍,轻微转动木棍,拔出木棍,形成一个小烟囱,最后将木棍掏出的泥土清理干净。用时将火点燃在坑洞中。

图 5 - 46

2. 高空火炉

这种方式的火炉可以烧煮任何食物,而且火炉结构使热量得以充分散发,以在其顶部做饭烧菜。不过,这种火炉较难搭建。

图 5－47

图 5－48

挖出一个环形洞，在一侧挖出一条约 24 厘米的坑道通向主洞穴，再在主洞穴的外侧垒上石块，建成一个圆柱筒架于坑道上。最后用泥土将石块间的缝隙塞住，火苗就可以得到良好的荫蔽。烟囱本身就是不错的通风口。

3. 壕沟火炉

火堆位于地面之下，可避开强风。挖一个约 30 厘米×40 厘米×90 厘米的壕沟，再在沟底铺上一层碎岩石即可。

(四)如何生火(How to light a fire)

图 5－49

图 5－50

1. 选择离水源稍微近点的地方搭建炉灶，这样可以节省送水体力，同时要避免风势过大,尽量不要选择风口,以防控制不好火势而引起大火,所以干燥而且不易引发周围大火的地点是首选。

2. 收集点火物,引火物和主材。

点火物:野外的材料包括树皮、枯叶、苔藓和干草。为简单起见,用石蜡块或酒精也可。引火物:树叶和干枯的小枝条,以快速加大火势。主材:较为耐烧的粗材,保证燃烧长久。

3. 挖掘灶底:视风力强弱决定灶底的深浅。清理灶底附近的地面,不可将薪柴放置在下风向。如雨天,用石头搭建灶底。

4. 在灶底铺一层圆木,然后搭建锥形柴堆,放入引火物,最后塞进点火物。

5. 点火:不时添加薪材保持火势。

6. 如需过夜,添加大圆木就可以燃烧到天明。最好安排人员值班,这样既能保持火势,也能预防各种危险。

图 5-51

7. 善后处理:将火熄灭后,把灰烬堆积到一处,待灰烬冷却后铺开,用泥土将沟底填实,再将草皮重新铺上,洒一些泥土、树叶,确保与周围环境一致。许多森林大火的发生是由于未彻底处理而引起的,所以将灰烬完全熄灭是关键。

(五)厕所的制作(The production of toilet)

挖一条深约 1.25 米,宽约 45 厘米的壕沟,在壕沟上用岩石或木材垒起一个高度合适、使用舒服的“座位”,“座位”的一部分埋入泥土之中。在“座位”上放一些木棒,仅留下一个洞口以供使用(如果人多,就要建公共厕所,并留几个洞口)。可在壕沟里撒一些木灰,形成一个薄层,以阻止苍蝇侵扰。

用一块宽大而平滑的岩石板或一片大树叶做盖子,上面压上小石块。注意,这些盖子要经常更换。

记住:要经常更换盖子。否则,若某只苍蝇在粪便上驻足后,又落到食物上,就已经开始传播病菌了。

图 5－52

图 5－53

四、野外生存求救信号

在野外，生存环境非常恶劣，各种灾难会不期而至。对野外生存者来说，及时了解自己所面临的困境，通知别人，求得救援，是非常重要的。遇险求救时，要通过各种方式与别人取得联系，发出的信号要足以引起人们的注意。

（一）烟火信号(Pyrotechnic)

火光作为联络信号是非常有效的。燃放三堆火焰是国际通行的求救信号，将火堆摆成三角形，每堆之间的间隔相等最为理想，这样安排也方便点燃。如果燃料稀缺或者自己伤势严重，或者由于饥饿，过度虚弱，凑不够 3 堆火焰，那么因陋就简点燃一堆也行。为保证其可靠程度，白天可在火堆上放些苔藓、青嫩树枝、橡皮等使之产生浓烟；晚上可放些干柴，使火烧旺，使火升高。

图 5－54

图 5－55

(二)地对空信号(Ground - signal)

下面所列字母是国际通用的紧急求救信号,“FILL”可以帮你记住其中主要的信号。单个一根木棒“1”,是最为重要,制作也最简单的一个。每个信号尺寸是长10米、宽3米,每个信号间隔3米。记住这几个单词:SOS(求救)、SEND(送出)、DOCTOR(医生)、HELP(帮助)、INJURY(受伤)、TRAPPED(发射)、LOST(迷失)、WATER(水)。

图5-56

(三)体示信号(Body showing the signal)

当搜索飞机较近时,可用体示信号表达遇险者的意思。

(四)旗语信号(Semaphores)

在木棒上系一面旗子或一块色泽艳亮的布料,持棒运动时,在左侧长划,右侧短划,加大动作的幅度,做“8”字形运动。如果双方距离较近,一个简单的划行动作就可以,在左侧长划一次,在右边短划一次。

(五)声音信号(Sound signals)

如隔得较近、可大声呼喊,三声短三声长,再三声短;间隔1分钟之后再重复。

(六)反光信号(Reflective signal)

利用阳光和一个反射镜即可射出信号光。任何明亮的材料都可加以利用,如罐头盒盖、玻璃、一片金属铂片,有面镜子当然更加理想。持续的反射将规律性地产生一条长线和一个圆点,这是莫尔斯代码的一种。即使你不懂莫尔斯代码,随意反照,也可能引人注目。无论如何,至少应掌握SOS代码。

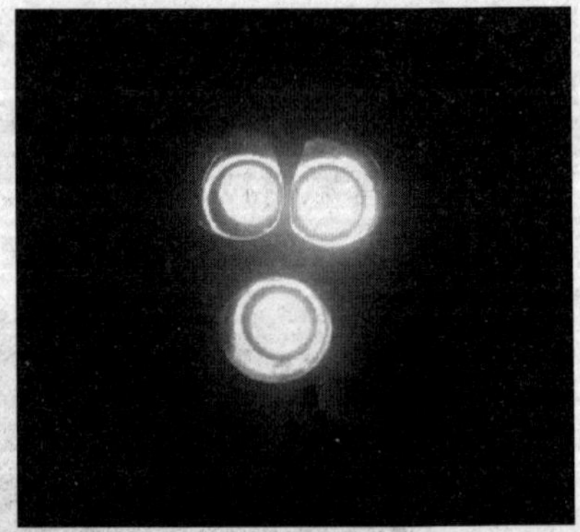

图5-57　反光信号

五、野外生存中常见的伤病的防治

(一)昆虫叮咬的防治(Prevention and treatment of insect bites):在野外为了防止昆虫的叮咬,人员应穿长袖衣和裤子,扎紧袖口、领口,皮肤暴露部位涂搽防蚊药。不要在潮湿的树阴和草地上坐卧。宿营时,烧点艾叶、青蒿、柏树叶、野菊花等驱赶昆虫。被昆虫叮咬后,可用氨水、肥皂水、盐水、小苏打水、氧化锌软膏等涂抹患处止痒消毒。

图 5－58

图 5－59

图 5－60

(二)昏厥(Syncope):野外昏厥多是由于摔伤、疲劳过度、饥饿过度等原因造成的。主要表现为脸色突然苍白,脉搏微弱而缓慢,失去知觉。遇到这种情况,不必惊慌,一般过一会儿便会苏醒。醒来后,应喝些热水,并注意休息。

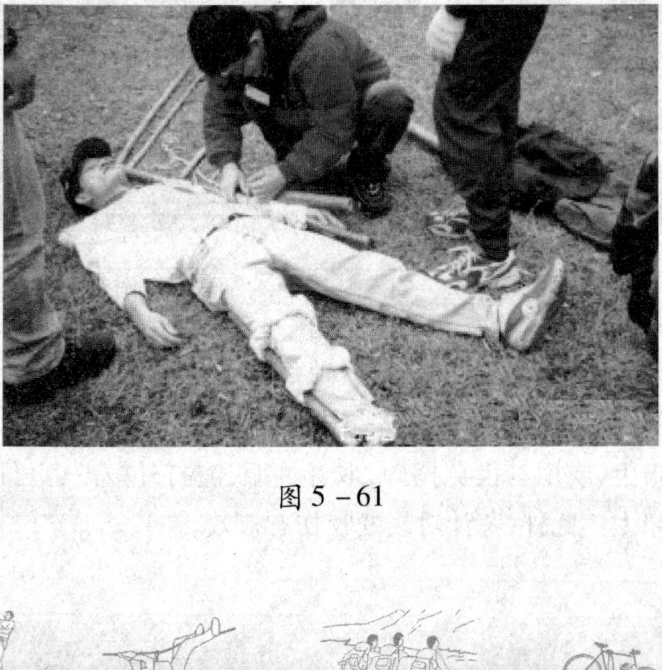

图 5－61

(三)中暑(Heatstroke):其症状是突然头晕、恶心、昏迷、无汗或湿冷,瞳孔放大,发高烧。发病前,常感口喝头晕,浑身无力,眼前阵阵发黑。此时,应立即在阴凉通风处平躺,解开衣裤带,使全身放松,再服十滴水、仁丹等药。发烧时,可用凉水浇头,或冷敷散热。如昏迷不醒,可掐人中穴、合谷穴使其苏醒。

图 5－62

(四)中毒(Poisoning):其症状是恶心、呕吐、腹泻、胃疼、心脏衰弱等。遇到这种情况,首先要洗胃,快速喝大量的水,用指触咽部引起呕吐,然后吃蓖麻油等泻药清肠,再吃活性炭等解毒药及其他镇静药,多喝水,以加速排泄。为保证心脏正常跳动,应喝些糖水、浓茶,暖暖脚,立即送医院救治。

(五)冻伤(Frostbite):如发现皮肤有发红、发白、发凉、发硬等现象,应用手或干燥的绒布磨擦伤处,促进血液循环,减轻冻伤,轻度冻伤用辣椒泡酒涂擦便可见效。如生身体冻僵的情况,不要立即将伤者抬进温暖的室内,应先磨擦肢体,做人工呼吸,待伤者恢复知觉后,再到较温暖的地方抢救。

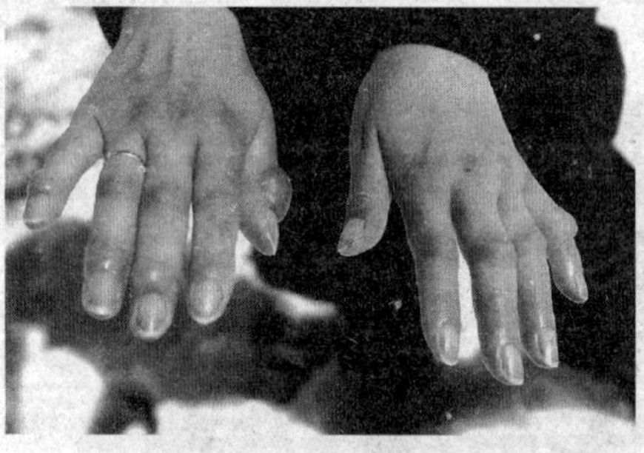

图 5－63

图 5－64

(六)蜇伤(Sting):被蝎子、蜈蚣、黄蜂等毒虫蜇伤,伤口红肿、疼痒,并伴有恶心、呕吐、头晕等症状。要先挤出毒液,然后用肥皂水、氨水、烟油、醋等涂擦在伤口上,或用马齿苋捣碎,取汁冲服,渣打外敷。也可用蜗牛洗净捣碎涂在伤口上。此外,蒜汁对蜈蚣咬伤有疗效。

(七)骨折或脱臼(Fracture or dislocation)：用夹板固定后再用冰冷敷。从大树或岩石上摔下来伤到脊椎时，将患者放在平坦而坚固的担架上固定，不让身子晃动，然后送往医院。

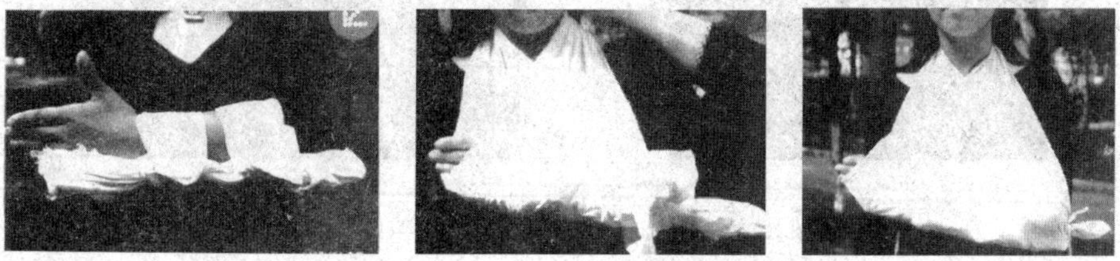

①　　②　　③

图5－65

(八)雷雨(Thunderstorm)：不要在巨石下、悬崖下和山洞口躲避雷雨，电流从这些地方中通过时会产生电弧，击伤避雨者。不要躲在旷野中孤立的小屋内。离开高地，也不要在孤树下避雨。远离金属物体。如果在游泳或在小艇上，应马上上岸。即便是在大的船上，也应躲到甲板之下。

六、野外行走的技能

野外行走，走路是生活基本技能，野外走路，是野外生存活动的基本技能，基本原则是安全，即避免危险事故和迷失方向，节省体力提高行进速度，山路行进的原则是走梁不走沟，走纵不走横，有路时自不必说沿路走，而不要穿林翻山，没有路时则尽量在山脊，山梁林木稀疏的地方，这些地方地形相对简单，视野较开阔，非不得已不要在深沟和密林，灌丛及竹林中行走，山谷行军。河流横渡，不要草率入水，应仔细观察，沼泽地行进，避开或绕行，渡河是野外活动常遇到的障碍，有的河流缓缓而过，清澈见底，有的则是水深流急，侦察做到心中有数，观察后确定渡河的地点及方法，选择河水较浅、水流平缓、无暗礁、暗流和漩涡的地点，涉水过河时，应当穿鞋，可避免河底尖石划破脚，同时也可以更好地保持平衡，如果河底是淤泥底，应脱掉鞋袜，赤足过河。

图5－67

图5－68

【小贴士】野外综合训练案例

1. 基地型

基地型野外综合训练以大本营为活动基地，利用周围地形环境制定活动内容。下面是一个实际案例，该案例的活动时间为3天，难度较低。

第一天：从学校出发，中午到达目的地，建立基地，自做午餐。13:30进行野外定向训练，17:30返回基地，野炊。21:30休息。

第二天：早晨5:30早餐。7:00出发，进行野外特殊路段行走训练。中午吃干粮。13:30进行丛林、碎石坡穿越训练，16:30前返回营地，做饭。18:30篝火晚会，学生交流体会。

第三天：早晨5:30做饭。7:30开始野外觅食，野外创伤处理，自救、互救、紧急求救等内容的训练，中午吃干粮。13:30整理行装、拔营返程。

2. 穿越式

案例为2002年大学生野外生存生活训练大明山基地的训练方案。穿越式即指从A点(起点)到B点(终点)野外综合训练，由于整个活动的安排都有行军的内容，大家必须背着行装进行各项训练，因此，穿越式较基地式难度大，行程为7天左右。

第一天：14:00从临安出发，16:00到达大明村附近的白水坞宿营。

第二天：5:30起床，做早餐。7:30出发，训练内容：溯溪。上午背包溯溪，中午在核桃林边午餐并安排营地，下午徒手溯溪，16:00回到营地，做晚餐。

第三天：5:30起床，做早餐。7:30出发。训练内容：征服险境。上午穿越丛林。16:00到达外烂塘宿营，做晚餐。

第四天:5:30起床，做早餐。7:30出发。训练内容:挑战乱石坡，上午沿崖边小路、穿越草丛、负重行军，经自然形成的乱石坡下山；下午穿越树林。16:00到达大明湖，宿营，做晚餐。进行总结。

第五天:5:30起床，做早餐。7:30出发。训练内容:渡湖穿越竹林。上午在大明湖扎筏过湖；下午穿越竹林至千亩宿营。

第六天:5:30起床，做早餐。7:30出发。训练内容:“连瀑”速降。上午由千亩向穿越小路下山，在连瀑利用绳索速降；下午以绳索保护，经过碎石坡下山，回到大本营。晚上举行晚会、座谈，相互交流思想。

第七天:6:30起床，收拾行李，清理营地，返回。

第六章
山地自行车(Mountain Biking)

自行车是我们最常见的人力交通工具,骑上山地自行车征服的艰难路段时总能产生一种成功的喜悦。在现今山地自行车已发展成为一项单独的赛事,山地户外挑战赛中也少不了山地自行车的赛段。

第一节　自行车运动的起源和发展

最早出现于20世纪70年代早期,美国加利福尼亚州的塔马尔帕伊斯是这一运动公认的发源地,加里·费歇尔、查里·康宁安、基思·班特杰、汤姆·里奇等,常常被尊奉为山地自行车运动的奠基人。每年都有成千上万的山地自行车运动爱好者来到这里,"朝拜"那些勇于挑战传统、意志坚定的运动发起者们。这些先驱者把老式的游览用自行车和配有充气轮胎的自行车改造成能够在高低不平的地面上行驶自如的人力车。

图6-1

山地自行车运动的日渐流行，促进了山地自行车制造业的兴起和发展。目前，山地自行车的销量相当于普通自行车的5倍。从20世纪70年代以来，情况变化很大。今天我们可以买到质量上乘、双减震，配有盘式刹车装置、车灯，使用合金部件的山地自行车。山地自行车运动的规则较少，组织者对车手的要求也没有那么严格。不过，业余爱好者和专业运动员之间的差距越来越大。目前，已经山现了一些旨在区分专业运动员和业余爱好者的专业认证机构。相信不久的将来，山地自行车运动会更加专业化。这反过来又会加快某些自行车部件的改进，最终会改善山地自行车的整体装备。

图6－2

第二节　山地自行车运动的装备

一、山地自行车的构造

现代山地自行车的构造比较特殊，这种构造是用来应付越野运动中巨大的冲击力的。

图6－3　现代山地自行车

(一)车架(Frame)

因为山地自行车驾驭起来比较费力，所以山地自行车的车架要相应的比普通自行车的车架小。这种构造考虑到了自行车越野运动的待点，在不同的地面上，自行车操作起来都比较方便。

车架的材料、构造以及设计样式对于制造一辆高效能、安全可靠的自行车是非常重要的，因为自行车车架需要承受由各种原因造成的冲击。

(二)车把(Handlebar)

目前标准的车把是平把，握手处加长。立把又称翘把，能保证车手在骑车过程中保持一种比较舒适的姿势，而且比较时髦。把的立管长度或高度都可以调整。拉长能够加大车把与鞍座的距离。车手通常把把立管放得比较低。加长车把握手处也有利于能量的传送，同时使车手握车把的姿势有了更多的选择。

①平把

②立把

图 6-4　车把

(三)传动装置(Transmission)

1. 脚蹬

首先承受腿部传来的力，并将这种力量通过其他传动装置驱动自行车前行。有的自行车脚蹬带有踏脚套，起着固定双脚的作用。

图 6-5　脚蹬

图 6-6　曲柄

2. 曲柄

曲柄是在车手和自行车之间传送能量的主要媒介(如图6－7)。各种自行车的曲柄不尽相同,山地自行车上的曲柄连接着1～3个不同尺寸的链轮,下坡或在平地上骑车都能达到相当高的速度,也有利于攀爬比较陡的斜坡。

3. 齿轮

山地自行车的齿轮传动速比为自行车以较高的速度行驶提供了条件,而在爬比较陡的斜坡时则又能保证自行车较低的传动速比行驶。

图6－7　齿轮

图6－8　链条

4. 链条

合金材料制造的链条比较结实有力。为能更好地传送能量,链条必须干、润滑。在每一次骑车之前用合适的链条润滑油擦一下链条。

5. 变速装置

变速器的作用就是把链条上一个齿轮移动到另一个齿轮上。借助变速器,车手可以自由调整自行车的速度(如图6－10)。山地自行车的变速器分为前变速器和后变速器两种。前变速器由车把左侧的变速杆制动,后变速器则由右侧的变速杆制动。变速杆也叫齿轮拨叉,要安装在比较顺手的位置,操作起来能方便一些。

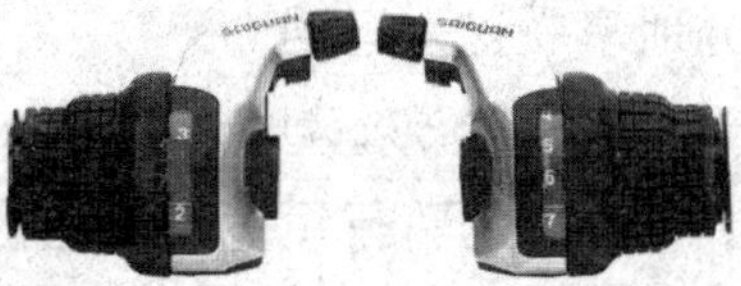

图6－9　变速器

6. 制动装置

就是自行车的刹车装置,一般来讲,前闸的刹车效果比后闸的要好。但是,根据地形和车闸刹车效果的不同,两个车闸应该谨慎使用。

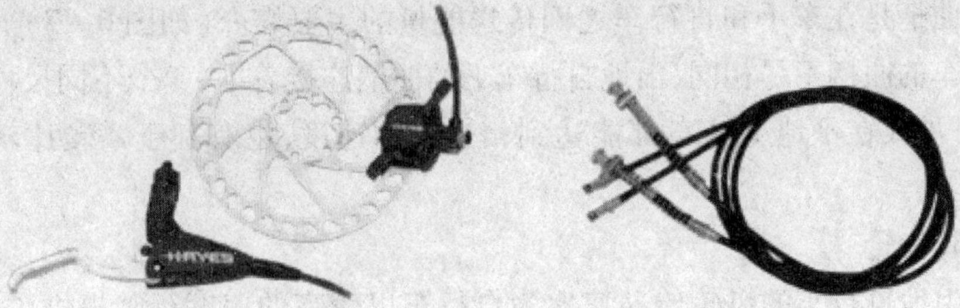

图 6－10　刹车装置

7. 车座

尽管在自行车的各个部件中,鞍座是同人体直接接触得最多的部件之一。其配置要适合男女不同身体构造的鞍座,不仅能快车手感到非常舒服,还能减少受伤的儿率。

图 6－11　车座

8. 车轮

高性能的车轮近来很受欢迎。这主要是因为这种车轮效率高,重量轻,但也不要为了轻便丽忽略了自行车的牢固性。

三、山地车骑行装备

装备的舒适程度与实用性决定车手能否充分地享受这一运动。

(一)骑行短裤(Cycling shorts)

合适的骑行短裤能够在档部起到衬垫的作用,不仅能增强舒适感,还能够很好地保护车手的裆部。如果骑车只是为了休闲娱乐,那么则要考虑购买一条带口袋和加网状垫衬的普通短裤。

图 6－12

(二)骑行衫(Riding shirt)

骑行衫既能保暖,又能防潮,后面还有口

袋,方便实用,可以用来携带途中可能会用到的东西。在远距离骑车时最好要同时配置一件比较暖和可以挡雨的夹克衫。除了考虑其实用功能之外,骑行衫的颜色还要鲜亮一点,以便能够引起别人的注意。

图 6-13

(三) 骑行鞋(Cycling shoes)

硬挺的骑行鞋不仅穿着舒适,还有助于最大限度地传送能量,减少骑车过程中的体力消耗,避免因为鞋底过软而造成的不适。选用带路脚套的脚蹬,再买一双质量不错的骑行鞋,即使骑行条件比较恶劣,也应该能够对付。如果保养得好的话,可以使用好几年。

图 6-14

(四)手套(Gloves)

一副好手套的重要性仅次于骑行鞋,它可以保证在任何天气中或任何地面上都能使车手紧紧地握住自行车车把,同时还能够防止手掌起泡,使之保持舒适。

图 6－15

（五）头盔(Helmet)

头盔是最重要的附件，不仅能够救人性命，而且没有头盔也是不允许参加自行车比赛的。大小必须合适，新购买的头盔的缚带和衬垫需要进行调整，同时还要保证所购买的头盔必须经过安检部门的检验，并有合格证。

（六）护眼镜(Care glasses)

护眼镜能起到防风、防沙、防止昆虫飞人眼内和眼睛被树枝刮伤等保护作用，同时还能过滤有害的紫外线和红外线。选眼镜时最重要的是重量轻，戴着舒服，镜片适合各种光线。

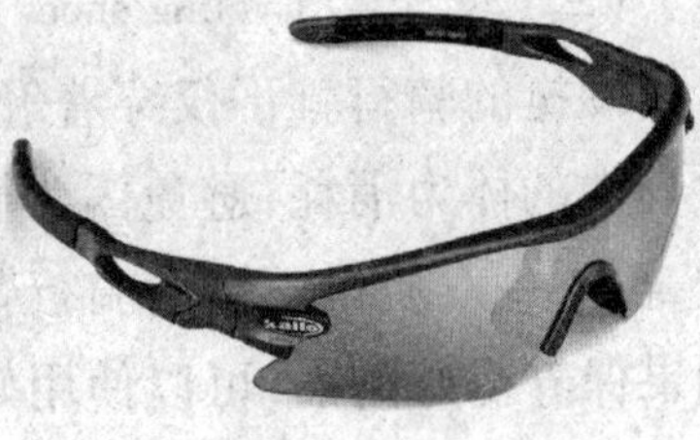

图 6－16

（七）饮水装置(Drinking water installations)

给水包是最佳的选择，坚固耐用，可以不用手就能饮水。一些饮水装置的外面还常有用来储存食物、工具、钱币等各种物品的口袋。

图 6－17

图 6－18

(八)气筒(Pump)

必须放在带拉链的袋子里,或紧紧固定在车架上,以确保安全。

图 6－19

【小贴士】怎么样选购适合你的自行车

自行车旅行者,一般都有几台自己的爱车,怎样才能买一台最适合自己的呢。

选择自行车的主要是一看是不是好的车架,二看是不是好的零件组成,三看组装技术好不好。将这 3 个因素科学地加以组合后,才能算是一辆好的自行车。

1. 车架:

轻、牢、弹性好等是车架追求的目标之一,为了达到这个目标,还要看各个车架生产厂家的工艺。如设计的车架是否根据材料的强度和特点来设计、焊接工艺是否成熟。这些都直接影响到车架的外观、强度和弹性。还有较重要的就是喷漆,好的车架喷漆均匀,而且喷 3 ~4 层的漆。别小看喷漆,好的喷漆可使自行车容易保养、不易生锈。如果使用不符合以上要求的车架来装车的话、就有可能生产出不能直线骑行或不易转弯的自行车,或很快就退的自行车。

2. 自行车零件

怎样才是最好的自行车零件? 简单的讲就是既轻又牢固,而且性能要好。因为具备了这些条件自行车骑起来才轻松、安全、方便。但是要达到所有的以上条件,就需要好的材料。所以,自行车零件往往是左右自行车价格的一个具体因素。最好的就是能够参加奥林匹克自行车比赛的零部件。不管是强度性能还是重量上都采用了最好的材料。

3. 组装技术

好的零件如果组装不好，就会像既没经过建筑设计师经心设计，也没有经验丰富的工匠来建的房子一样，使您整天提心吊胆，生怕它会倒塌。所以，如果你不想买了以后后悔，就应该了解这些知识。

图 6－20

(1) 变速器有什么好处？

一般自行车都在城市内使用，城市内其实也有很多斜坡。比如有时您骑车时会感到脚踏突然变沉，用眼睛无法判断的斜坡往往比较多。在此时，变速器的作用就能充分的体现出来，如果有变速器的话，此时只要能换成较轻的齿轮即可轻松自如的骑行。当然，同样可使用在逆风的时候。

变速器的优点还在于，它可帮助您在体力不佳的情况下，有效的减少您的体力消耗。比如感冒时，体力消耗不能过大，所以如果您骑车时选择较轻的齿数比骑行时就会很轻松。还有女性身体不佳时、学生应试疲倦时、年纪较大者都可灵活地使用变速自行车。所以变速车的好处确实是太多了。

(2) 刹车是很重要的零件

刹车的好坏关系到您的安全和他人的安全，刹车力和刹车的制动时间是决定刹车好坏的主要因素，所以刹车制动性能好，所用操作力轻是很重要的。在日本市场有一种较普遍的罗拉式刹车，除在雨天也能像平时一样得到满意效果外，刹车时不会有噪音，并且不维修。

第三节　骑车基本技术

一、山地车骑行注意事项

(一) 不要单独进行自行车越野运动

和别人结伴比较安全。这么做，不仅有人做伴，初学者还能得到经验丰富的同伴的帮助，能够从同伴那里学到很多东西。另外，其他车子也乐意同热情洋溢的新手分享他们的骑车经验，一起定他们曾经走道的路。注意要同当地的山地自行车俱乐部建立联系，也可以同有能力组织骑车旅行的其他俱乐部和机构进行联系。

图 6－21

(二)同联系人交流

有组织的山地自行车手会根据组织者的安排，帮助新手选择合适其需要和骑车水平的运动。如果得不到这样的帮助，则可以向联系人询问骑车距离的远近，所需要的时间，以及同行车手骑车的速度等。新手如果要进行越野运动，骑行的距离最好不要超过 15 千米。

二、准备工作

(一)调试自行车

要想很好地控制自行车，选择大小合适的车架和高度适中的鞍座是非常重要的，自行车的大小必须适合车手身材的高矮和骑车水平的高低。再者是闸把、变速杆、车把、车把握手处和把套的构造应该以方便操作，使车手感到舒服为宜。

图 6－22

(二)装卸自行车

装卸自行车时，要把同车轮连接的各种叉管捆好，并把各种操作杆扭到一边去，以防这些部件挂住周围的植物。

在出发前的热身活动中,要充分伸展身上的每一块肌肉,为下一步的剧烈运动做好服备。出发前两个小时左右要吃点东西,喝点水。由于身体在骑车过程中肯定会消耗能量和水分,因此及时补充食物和水分是非常重要的。不过,尽量不要吃过于油腻、酱汁过多的东西,也不要喝酒。否则,在骑车过程中可能会出现消化不良和恶心等问题。同时要保证自行车状况良好,并准备好备用内胎和气筒。

图 6－23

三、山地自行车骑行正式开始

(一)身心放松

这样才能尽情享受骗车的乐趣。刚刚开始时,不要骑得太快,时间也不要太长。首先,要拿出 10 分钟进行热身。然后,再确定自己的骑车速度。欣赏途中景色的同时,还要留心周围的地貌特征,以防迷路。注意观察其他车手,并多同他们进行交流,听取他们的意见。

图 6－24

(二)提前热身

热身运动有利于相关肌肉和肌腱做好运动前的准备,热身运动做的不充分,肌肉得不到适当的伸展,在运动中就很容易受伤,即使没受伤,运动的效果也很差。先伸展下身上的肌肉、慢慢地骑行一段时间,然后再逐渐加速,随之增大运动的强度。这样,身体能逐渐地从无氧运动过渡到有氧运动。

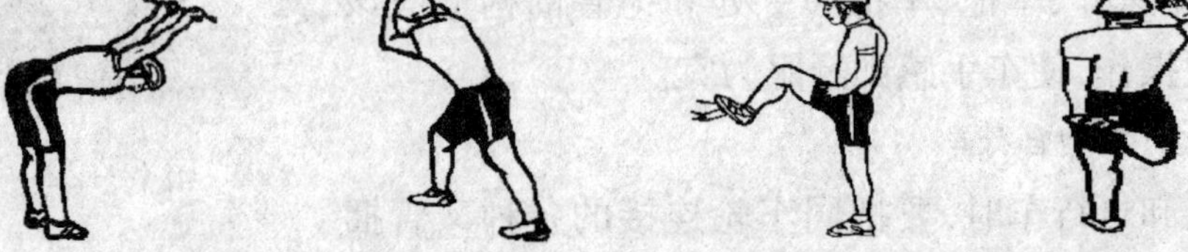

图 6－25　热身活动方法

(三)手的姿势

车把不要抓得太紧,轻轻地握住车把,肘部稍微弯曲,肩部放松,后背伸直,身体放松。不然,上半身会一点处于紧张状态,因此很容易失去控制,而且手臂也很容易感到疲劳骑车时如果四肢僵硬,不仅车手自己会左右摇晃,自行车也有可能会上下颠簸。

图 6－26　手握姿势

(四)踏蹬技巧

为了能连续、平稳地把能量传送到动力传动系统,车手应该学会如何连贯地踩动脚蹬做环形运动,不可上下猛跺脚蹬。要想掌握这一技巧,最好的方法是选择平坦的地面,或者在公路上骑车。

图 6－27

(五)重量的分布

在骑姿正确的前提下,站在比较平坦的地面时,身体 60% 的重量要落在后轮上,40% 落在前轮上。下坡时,身体重心要始终靠后。坡度允许,车手胸部的重心应该落在鞍座上。上坡时,要把重心移到鞍座后部,使双腿获得最大的杠杆作用。同时,上半身放低,要趴在车把上,固定车位。

图 6－28

(六)善持自己

骑车结束时,做一些缓冲运动,慢慢停下来。骑车结束后,一定要注意放松身上的肌肉。另外,骑车时身上出了很多的汗,衣服也湿透了,刚刚运动完以后体温会迅速下降,比较容易感冒,一定要换上暖和一点的衣服。

三、征服各种地形

图6-29

(一)坚硬的地面

在比较硬的地面上骑阻力小,车轮滚动的速度快,骑起来最省力,也最舒服。但是当地面比较潮湿或者上面覆盖着一层树叶或沙砾时,这就需要小心谨慎,地面滑,注意降低和稳住中心。

(二)多岩石的地面

图6-30

在岩石较多的地方骑车,平衡性不好把握,自行车很难控制,车手会随着自行车左右摇晃,没有必要非得在鞍座上不可,可以采取俯卧的姿势,站在脚蹬上,降低身体的重心,把自行车控制住。车手必须运用各种技能,尽量放松,还要学会挑好走的路走。

图6-31

(三)沙地

遇到达种地形,自行车前轮很容易陷在沙里,应付这种地形的技巧与铺满碎石和沙砾的地形一样。当穿过大面积的沙地时,车手一般要扛着自行车步行前进。但对于面积较小的沙地,车手可以借助较高的车速,成功地穿过去。

(四)泥泞地面

图6-32

骑车外出要随时有遇到满是泥浆的路面的心理准备。遇到这种情况,要去勇敢地面对。滑倒或是扛着自行车是经常的事情。车轮与车架接合的地方很容易积满泥巴,泥巴常常粘在轮胎上,致使自行车寸步难行。

(五)植物丛生的地形

如果所经过的地方植被比较浓密，自行车骑起来会比较费劲，但一定不要用力太大，以免弄得自己心跳加快，筋疲力尽。有时这种地形还会使轮胎同地面之间的摩擦力减小，车手要像对待泥泞地形一样来对待这种地形。

图 6－33

(六)转弯

山地车的拐弯主要是倾斜车体来进行的。

1. 技巧

(1)拐弯时必须慢速：进入拐弯处以前，速度要尽量降低。拐弯的中途刹车时，车体会横方向滑行，要恢复到原来的状态需要相当的技巧。若遇到非刹车不可的情况时，放松后轮。前后轮都需要刹车时，车体起身后才能进行。

(2)眼睛要直视拐弯的出口处：车体是跟着眼睛直视的方向前进的，因此视线要向着你要前进的方向。

(3)踏蹬：拐角的弯度不太大时，可以踏蹬，但在拐弯处，原则上放低外侧的脚蹬来转弯。

图 6－34　拐弯姿势

2. 快速转弯

快速转弯所需要的主要是果断和勇气，最大的问题是转弯时能否克服按车闸的习惯。按动车闸不仅会影响摩擦力，刹车的力量还容易使自行车直立起来，从而失去控制。其秘诀就是在转弯之前选择自己感到比较合适的速度，并不断地加速前进，但不

图 6－35

要使用车闸。

(七)下坡

下坡时要先了解路面地形情况,然后选择骑得速度。骑得越快,路面显得越平坦。下披时,刹车的习惯也需要改变。身体重心需要后移,位后轮获得更大的摩擦力。不要过于频繁地使用前闸,转弯时尤其如此,不要把车轮完全锁住,否则自行车碰到石头或鹅卵石就会打滑。

图 6 - 36

(八)爬坡

图 6 - 37

爬坡时,劳动强度很大。高强度运动持续的时间可能比较短,关键是车手要保持正确的骑车姿势。要想冲到坡顶,在助跑阶段积累足够的冲力。一般情况下,急转弯以后紧接着就要爬坡。这时,车手一般没有冲力,但一定要保持相当的牵引力。最好的办法是保持正确的骑车姿势,把身体的重心移到后轮上,不过前轮上也要保持足够的重量,以防自行车前翻。

(九)面对各种障碍物的技巧

1. 巨石

遇到比较大的巨石时,最好从旁边绕过去避开。要想从上面跳过去,则要看石头后面是否有足够的空间,自行车落地时是否安全。靠近大石头时速度要放慢一些,等到越过这一障碍以后再加速,同时要选择动力传动速比比较大的齿轮。一般链轮、飞轮都选用中号的。

图 6 - 38

2. 小石头

所谓的小石头,一般指的是碎石或鹅卵石等体积较小的石块。但在上面骑行对所有的车手来说都是一个不小的挑战。遇到这种地形,控制自行车和刹车都很困难,必须掌握相应的控车技巧。

图 6－39

图 6－40

3. 沟壑

图 6－41

穿越沟壑时,要尽可能地使自行车保持水平状态,如果被卡在沟里,轻者会撞击一下,重者会损坏自行车。小沟或宽窄合适的话都可以从沟底穿过去,若是沟较宽,则需要另想办法。其中由流水冲刷而成的 V 形沟壑是比较难对付的地形之一,最深处也在 50 厘米左右,最简单的方法是把自行车从沟上面扛过去,最好的方法是在跨越沟壑时运用前轮离地平衡技巧。后轮碰到沟底身体重心才稍微前移,同时继续踏蹬,直到冲出沟底。

①　　②　　③

图 6－42　穿越沟壑

4. 树根

尤其是在斜穿斜坡时,车手肯定会被树根绊倒。所以在遇到树根,或者是扛着自行车跨过去,或者是运用前轮离地平衡技巧,抬起前轮,紧接着重心前移,让后轮从树根上面滚过去。记住一定不要增加动力传动系统的压力,否则会减小摩擦力。

图 6－43

5. 圆木

对待圆木要像对待大石头一样,使用相同的骑车技巧。唯一的不同在于,在后轮碰到圆木的那一刻,一定要保证前轮已经落在圆木的另一侧了。因此,身体重心一定不要太靠前。

6. 横穿积水

从有积水的地方穿过肯定非常刺激,但是在这么做之前最好检查一下水的深浅,看一看水中是否有石头或者深坑。即使非常了解这种地形,这一环节也不可以省略。如果不了解,或者说好长时间没有从这里走过了,最好放慢速度,或者干脆下车,步行过去。不过,如果很自信,认为自己能够安全穿过,那么就放开胆子冲过去,但一定要把身体重心后移。

图 6－44

图 6－45

【小贴士】自行车旅游注意事项

骑车做长途旅行,最好选择 28 车型的加重车,以适应山路、河滩、碎石路、土路等各种路面,并可保障自己的安全。如做短途旅行,路面较好,也可选择 26 车型的车。

以使用者坐在车座上两腿自然下垂,脚尖能着地为宜。坐垫宜略微软一些，有5度左右的向后倾角，车把略高于车座。

脚的前、后部都轮流用力蹬车，均衡使用腿部各部分的肌肉，延长耐力。出发前带好必需用品，把握季节变化，带好衣物、太阳帽、太阳镜、双肩背包或手提肩背背包。修理自行车的工具和一些零件及洗漱用品、绳索、网袋、摄影用品等也要带好。

带上指南针、地图、望远镜、电筒、火柴、蜡烛、水果刀、饭盒、筷子、调羹、水壶、酒精炉、固体燃料等。

带好身份证、适当的钱款，如条件许可可带上手机、必要的药品、小礼品等。旅途中劳逸结合，合理安排时间，晚上投宿时应找一个比较安全可靠的旅店。

最好能有志同道合的几个人一起出行。

饮食要保质保量，不要吃得过饱，汗流浃背时不要大量吃冷饮或者大量饮水。饮水量以300毫升为宜，以免引起肠胃功能紊乱。

第七章

拓展运动(Outward Bound)

拓展运动是利用崇山峻岭、浩瀚大海等自然环境,通过精心设计的活动。拓展运动对个体是一种体验式学习,对团体或个人是一种有效的培训手段。"在体验中学习,在学习中提高",整个拓展运动过程能使人们在感受轻松快乐气氛的同时,更多的是心灵的感悟,在拓展游戏中感受到了体验、团结、合作的快乐。本章将简述拓展运动的起源发展及其分类等基本概述、拓展训练的基本理论和介绍部分拓展项目的方法。

第一节　拓展训练的概述

一、拓展训练的起源与发展

"拓展训练"源于西方英文 OUTWARD - BOUND,原意为一艘小船离开安全的港湾,驶向波涛汹涌的大海,去迎接挑战。这种训练起源于二战期间的英国。当时大西洋商务船队屡遭德国人袭击,大批船员落水,由于海水冰冷,又远离大陆,绝大多数的船员不幸牺牲了,但仍有极少数的人在经历了长时间的磨难后终于得以生还。当人们在了解了这些生还下来的人的情况后,发现了一个令人非常惊奇的事实,这就是这些生还下来的

图 7 - 1

人不是人们想象的那样是些身体强壮的小伙子，而大多数是些年老体弱的人。经过一段时间的调查研究，专家们终于找到了这个问题的答案：这些人之所以能活下来，关键在于这些人有良好的心理素质。当他们遇到灾难的时候，首先想到的是：我一定要活下去，有一种强烈的求生欲望。而那些年轻的海员可能更多的想到的是：这下我可能就完了，我不能活着回去了。

图 7－2

图 7－3 库尔特·汉恩

当时有个德国人库尔特·汉恩提议，利用一些自然条件和人工设施，让那些年轻的海员做一些具有心理挑战的活动和项目，以训练和提高他们的心理素质。后其好友劳伦斯在 1942 年成立了一所阿德伯威海上训练学校，以年轻海员为训练对象，这是拓展训练最早的一个雏形。

图 7－4

真正将拓展训练推广开来的却是美国的马萨诸塞州哈密尔顿维恩哈姆高中校长皮赫(J. Pihe)。皮赫将拓展训练的方法应用到学校教育中进行摸索，最终把拓展训练的方法与现存的学校制度结合起来，为教育开辟了新的思路和新的领域。出台拓展训练实践活动的课程大纲，得到了世人的瞩目和高度的评价，1974 年拓展训练计划被“全美教育普及网络(NDN)”评选为优秀教育大纲。许多国家将拓展训练列入高中教学大纲，成为中学生的必修课程，拓展训练机构也如雨后春笋般发展起来。1995 年拓展训练才被引进中国大陆并迅速发展，欧美、日本、港台的优势都被我们借鉴。吸取精华，通过总结可形成中国的拓展训练的理论体系和训练方法。但目前的发展却不平衡，但国家教育部和国家体育总局已经对拓展训练十分重视，决定在学校公共体育课中加入拓展训练课程，有关地区的一些学校已开始试点开设拓展训练课。这是我国素质教育的尝试,反过来也必将促进拓展训练正规化、正常化的开展。

二、拓展训练的概念

拓展训练是利用高山峻岭、山川大海等自然环境,通过精心设计的活动达到“磨练意志、陶冶情操、完善人格、熔炼团队”的培训目的的活动。拓展训练对个体是一种体验式学习,对团体是一种有效的培训。拓展训练是以体育活动为载体、以自然环境为训练场所,因此从内容到形式上它都与户外运动紧密地结合在一起。

图7-5 高空飞狐

三、拓展训练项目分类

拓展训练的项目种类比较丰富,并在实践过程中不断地开发和设计出一些新的项目。根据培训的目的和要求分为不同的训练项目。

(一)室内训练项目(Indoor training programs)

这是根据拓展训练计划的要求,在室内进行的以智力为主,兼有体力游戏为辅的培训项目,有人将之称为“头脑风暴”或“头脑魔鬼训练”。遇到恶劣天气在室外训练的不安全因素增加的情况下,也常安排一些室内训练项目。主要有:团队建设能力类、逻辑思维能力类、角色模拟能力类、应变能力类、观察能力类、创新能力类等。

图7-6

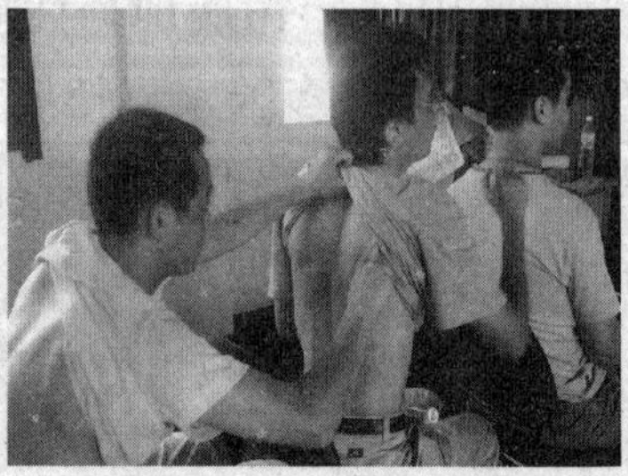

图7-7 驿站传书

（二）场地训练项目(Site training programs)

这是专门为拓展训练而设置和修建的人工场地，通常修建在郊外，那里风景优美、空气清新、远离喧嚣城市，主要有一些高空架和绳网。

这类项目主要是通过一些有挑战性的体育项目，突破心理极限，以达到培训目标，是拓展训练的主体。这些训练项目根据培养受训者的相关能力分类设置，如：体能素质类、心理素质类、沟通能力类、合作能力类、团队新人类、竞争意识类、创新精神类等。具体的经典项目有：信任背摔、孤岛求生、生死电网、成功之路、盲人足球、无轨电车、捆绑行动、高空单杠、跨越断桥、勇攀天梯、缅甸桥、梅花桩、毕业墙等。

图 7－8

图 7－9

（三）野外训练项目(Field training programs)

图 7－10　水上浮桥

图 7－11　飞檐走壁

利用崇山峻岭、山川河流等自然环境，通过精心设计的活动达到“磨练意志、陶冶情操、完善人格、熔炼团队”的培训目的的活动。由于该类训练有着十分明确的培训目标，在要求上比一般的休闲式户外运动更为严格。也许由于在难度上有了人为的设计,因而对受训者的体能和安全性的要求更高一些。主要项目有:登山、攀岩、野营、漂流、速降、溯溪、溪降等。

(四) 热身游戏(Warm - up Game)

在大运动量的拓展训练项目进行之前,为了避免受伤,或是等待项目交换的时候,开展一些热身游戏,既能活动筋骨,又可调整训练气氛。这类游戏有:生日线、我们都是一家人、坐地起身、百花争艳、风中劲草、价值组合、巧解手链、信任传递、不可能完成的任务等。

图 7 - 12　高空飞狐

图 7 - 13　风中劲草

四、拓展训练的显著特点

(一)综合活动性

所有的项目都以体能活动为引导,引发出情感方面的、意志力方面的、交往方面的等一些活动,要求大家全身心地投入。

(二)挑战极限

项目都有一定的难度,也是一种心理上的考验。参加者要向自己能力的极限挑战。

图 7 - 14　合力过桥

(三)集体中的个性

在活动中强调大家的合作,每个人都要积极为集体争取荣誉,个人也要从集体中吸收力量和信心,凸显自己的个性。

(四)高峰体验

能克服困难,完成要求以后,大家能体会到一种由衷的胜利感和自豪

感，获得人生难得的高峰体验。

（五）自我教育

训练活动过程中的一切内容、要求及注意的安全事项等都要参加者个人去学习和行动。充分尊重个人的主体地位和主观能动性。

图 7－15　珠行万里

（六）提高素质

能够认识自身的潜能，增强自信心，改善自身形象；克服心理惰性，磨练战胜困难的毅力；启发想象力和创造力，提高解决问题的能力；认识群体的作用；改善人家关系，学会关心；学会欣赏、关注和爱护大自然。

第二节　拓展训练的基本理论

一、拓展训练的理论要素

拓展训练的理论过程是实践→认识→再实践→再认识的过程。在此过程中的理论要素主要有以下几项：

1. 明确的目标是团队行为的激励因素；
2. 信赖关系是团队成员情感的纽带；
3. 压力变动力突出团队的挑战精神；
4. 高峰体验促使人们真正认识自身的潜能；
5. 幽默愉快形成良好的心理氛围；
6. 解决问题是拓展训练的初衷和目的。

图 7－16　溯溪

二、拓展训练的基本流程

训练→感受→分享→总结→应用

(一)训练(Training)

这是拓展训练关键的第一步——体验。

体验教育是拓展训练的专门术语,也是拓展训练活动中必不可少的内容和不可逾越的阶段。任何一个训练项目的开始都是学员在培训师的指导下去经历一种模拟的场景,去完成一项任务,并以观察、表达等行动的形式进行,这种初始的体验是整个过程的基础。

(二)感受(Feelings)

在拓展训练中置身于模拟的场景时,学员容易得到全方位的、印象深刻的、最真切的感受。每一位学员由于自身认识水平有高低、认识问题的角度或切入点不一致,人们在活动的体验中会产生各种各样的看法。这一阶段中,受训学员可以充分表现,拓展训练指导教师只是根据事先规定好的规则,把握和控制活动进行的时间和节奏。

图 7－17　记录感受

(三)分享(Share)

主要是采用回顾的方式,进行信息的交流,让受训学员把自己的看法、感受与同伴分享。在一个团队中,每个人都把自己的感受谈出来与同伴分享,这样,每个人都会从他人的回顾中得到数倍的经验,这也是拓展训练的一大能力所在。在这个过程中,指导教师会鼓励学员积极地发言,灵活运用提问等技巧。

图 7－18　分享与总结

（四）总结（Summary）

拓展训练指导教师就要根据大家讨论的结果，结合相关的理论知识进行归纳总结，并进行讲解和点评。这时进行理论讲解，就使得有了亲身体验的学员比较容易听进去了。

（五）应用（Apply）

点评后，还要启发受训学员将拓展训练中所获得的经历体验和理论认识放回到实践中去，是在培训之后的生活和工作中由学员自己实现的，这也是拓展训练的终极意义所在。

三、拓展训练前期的准备工作

（一）计划书的制作

制作计划书时，必须考虑以下几点：

1．准备理论根据。解决什么样的问题和设立什么样的设施，要有明确的而且有说服力的理论根据。

2．目标。拓展训练中的各个小组的具体目标是否明确？目标是否可以实现？是否具有目标进展情况的方法？

图 7－19

3. 时间上的具体事项。训练日程表、训练时间的长短、小组的持续期间、经费预算和用地、设施的确保等问题。根据需要还要考虑训练所必须的保健和饮食的计划等等。

4. 指导体系和训练计划。要考虑训练计划及其所必须的预算;要考虑担任小组指导的教师是否具备足够的经验和能力;还要考虑实施计划过程中的专家指导意见以及相应的条件是否已经具备。

5. 评价。回顾和分享是否能达到目标的具体评价方法,有没有设置有关的讨论。

图 7－20　怪兽过河

计划的概要做好以后,还要不断充实和完善,然后进行一下检验,可以先在计划的框架范围内进行一下活动看看效果。

(二)组织内部的协调

为了确保计划的万无一失,拓展训练各部门必须紧密团结在一起,相互帮助,相互支持,以高效的团队形象为受训学员做出表率。

(三) 教师的指导

图 7－21　动感弹球

指导教师的能力和意愿以及指导经验和指导技巧,是决定计划成败的关键。在拓展训练中,技能技巧是可以教授的,经验却是不能教授的,经验是一种积累。

(四)在给定的条件中进行优化组合

任何计划都有长处、短处,都不能够完全实现。作为拓展训练指导教师或拓展训练机构,要看清楚哪些活动是能够进行的,然后竭尽全力去做。还可以根据实际情况来进行变更。或增加一些活动,将计划落实到实处,变成能够实现的东西。

图 7－22　雷区取水

帮助学员消化、整理、提升训练中的体验,将培训的收获运用到工作中去,以便达到活动的具体目的。

四、拓展训练中的安全保护

在拓展训练中，常常会有一些户外极限项目或专门场地上的“高空索架”等对体能要求比较高的项目。为了避免学员受伤，在进行这些项目前，拓展训练指导教师组织热身活动是必不可少的。在进行高架绳网类项目的时候，安全保护师的责任尤其重大。训练项目开始之前保护师要认真检查绳网等器材设备，按规范订好各种保护绳结，如有可能，最好自己先试一试是否安全可靠。在训练项目进行中，保护师一定要自始至终集中精力、全神贯注，不能有任何的疏忽闪失。拓展训练项目结束后，撤除保护装置也不能掉以轻心。树立安全防范意识，按照规范操作的安全保护是保证拓展训练成功与否的重要因素。

图 7－23　缘分天空

第三节　户外拓展项目方法介绍

一、野外拓展项目：

（一）飞跃激流(Leap Rapids)

图 7－24

1. 时间 30 分钟 ~1 小时。

2. 人数 不限,人数较多时,需要将队员划分成若干个由 8 ~12 个人组成的小组。

3. 道具(每个小组)

①一棵枝杈很高的大树(用来捆绳子);

②一根粗绳子,这根绳子至少要能承受一个人的重量(以最重的游戏者为准);

③两根 4 ~6 米长的木条。或是准备两根绳子和 4 个木桩(用来标记河岸);

④一桶水(代表液体炸药);准备一些水备用。

4. 意义 这个游戏会使参加者思维活跃、热血沸腾。它重点培养团队合作、沟通和计划能力。

5. 目的

①培养团队合作精神。

②练习以小组为单位解决问题。

6. 步骤

①选择一个高大粗壮的树杈,在上面系上准备好的粗绳子。绳子的用处是帮助小组成员“渡河”。绳子要足够长,以保证游戏者能抓着绳子,从“河”的一边,像荡秋千一样,飞到河的对岸。

②根据飞越的方向,确定河的位置和宽度。在标记两岸的位置上,放上两根木条,或是用绳子拉出两根线。如果使用绳子标记河岸,最好先打出 4 个木桩,然后再拉绳子。

③给每个小组的桶里装水。

④分好小组后,做游戏开场白,开场白示例如下:

你们在野外勘探稀有金属和矿石,挖掘工作正在进行中。突然,正在开凿的岩洞出现部分坍塌。你所在的小组侥幸逃了出来,可是,还有很多成员被困在岩洞中,艰巨的营救工作落到了你们小组的肩上。营救的唯一希望是炸开落下的巨石。你们小组赶回营地,取了一桶液体炸药。现在你们需要快速返回到出事地点。不幸的是,一条布满鳄鱼的急流挡住了你们的去路。你们可以通过绳子从河上荡过去,但是在飞越的过程中必须有人要携带那桶液体炸药，而且一滴也不能洒。如果不小心弄洒了炸药，即便只有一点点，携带炸药的人都必须回去，重新开始。如果有人在渡河的过程中不小心碰到了河面，这个人就会被鳄鱼吃掉。一旦发生了这种情况。整个小组都必须回到对岸，重新开始。你们面临的第一个挑战是绳子悬在河的中央，必须想办法把它拉到岸边来。注意，任何人都不许接触河面。

所有小组都做完游戏之后，引导队员就团队合作、克服困难等话题展开讨论。

7. 讨论问题示例

①你们在游戏过程中碰到了什么问题？你们是如何对问题进行分解的？每个人的任务是什么？

②哪些因素有助于成功完成游戏？

③你们遇到了什么困难？是如何克服这些困难的？

④游戏过程中有无领导者产生？

⑤这个游戏揭示了什么道理？

⑥如何将这个游戏和我们的实际工作联系起来？

8. 变通

①设置完成游戏的时间限制，告诉队员岩洞中的氧气仅能维持一段时间，让他们必须在规定的时间内完成渡河任务。

②可以采用体育馆内的爬绳在室内开展此类游戏

9. 安全

通常情况下，不允许在悬挂的绳子上打结，如果队员坚持这样做或者队员年龄较小时，可以考虑在绳子末端打一个结，距地面1米左右，这样他们就可以用两腿夹住绳结比较容易地摆过去。

(二)孤岛求救(Island for help)

1. 时间　1小时以上。

2. 人数　不限，但是参加人数较多时.需要将队员划分成若干个由五六人组成的小组。

3. 目的

①使整个团队参与到解决问题的游戏中来。

图 7－25

②让整个小组协同工作，实现共同目标。

③培养团队精神

4. 准备步骤

①将队员分成若干个由 5～6 人组成的小组后，给各组分配任务。

② 各组利用自己找到的材料制作一个风筝。

③ 要求 30 分钟之内完成任务，风筝做好之后经测试，能够飞起来。

④ 开场白示例如下：

遭遇海难后，你们组漂流到一个荒凉的孤岛上，被困多天，每个人都渴望逃离孤岛。忽然，有人发现遥远的地平线上有一条小船，好像船上的人正在向这边看，但是他不可能看到你们被困在小岛。你们没有火柴或其他能发信号的物件，因此只能想方设法制造一个风筝。估计风筝 30 分钟之内能够做好。通过放飞风筝才能让船上的人发现你们。船体残骸里已经不剩什么东西了，所以你们必须找到制作风筝的所有材料，30 分钟之后让风筝飞上天，抓紧时间，祝你们好运！

5. 讨论问题示例

①哪个队在 30 分钟之内让风筝飞上了天？

②游戏过程中你们遇到了什么问题？如何对问题进行拆分的？每个人都做了什么？

③游戏过程中队员们都充当了什么角色？

④你们必须在规定的时间内完成任务，对此有何认识？

⑤整个团队运作有效吗？为什么？

⑥怎样做才能使游戏开展得更好？

6. 变通

根据队员们的技能水平和场地周围材料的分布情况，适当给他们提供一些道具，这样各组之间能够展开竞赛。

二、场地拓展项目

(一)蜘蛛网(Spiderweb)

图 7-26

1. 时间　1 小时以上。

2. 人数　不限，人数较多时，需要将队员划分成若干个由 8 ~ 12 个人组成的小组。

3. 道具(每个小组)

①选取两棵结实的大树(用来支撑蜘蛛网)。

②尼龙绳或其它类似的绳子(用来编织蜘蛛网)。

③8 个如图 1 所示的螺栓，或者几节电线，甚至几小节绳子亦可(用来把蜘蛛网固定在树上)。

④蒙眼布，如果有人被蜘蛛咬着了，他的眼睛就会被蒙起来。

⑤选项：用来做警报器的小铃铛；用来制造气氛的大橡胶蜘蛛。

4. 意义

它可以被用来创建团队、培养团队合作精神、学习冲突处理技巧、培养领导才能、锻炼沟通能力。虽然这个游戏需要培训专员进行一定的准备工作,但是这些准备工作一定会带来超值回报。

5. 目的

①培养团队合作精神。

②增进沟通。

③体现协同工作在解决问题中的作用。

④把队员团结在一起。

⑤学会克服看似难以解决的问题

6. 准备步骤

①培训专员需要为每个小组架设一个蜘蛛网。将游戏者分成若干个由8~12个人组成的小组。

② 致游戏开场白。开场白如下:

你们小组陷入在一片原始森林之中。走出森林的唯一出路被一个巨大的蜘蛛网封锁了,你们必须从蜘蛛网中钻过去(不能绕过去,也不能从网的上面或下面过去)。值得庆幸的是,蜘蛛目前正在睡觉。但是非常不幸,蜘蛛很容易被惊醒。在穿越蜘蛛网的过程中,任何人一旦碰到蜘蛛网,不论轻重,蜘蛛都会立刻被惊醒来咬人,其结果是造成正在穿越的人和已经过去的人立刻双目失明。另外,每个洞只用一次,即不同的人必须从不同的网洞穿越过去。

A. 在多个小组参加游戏的情况下,让先做完游戏的小组做监护员,观察其他小组能游戏情况。

B. 等所有小组都做完游戏之后,引导队员们就团队合作、沟通、冲突和领导等问题展开讨论。

7. 讨论问题示例

①你们在游戏过程中碰到了什么问题?

②怎样分析问题的?每个人的任务是什么?

③你们是如何克服困难的?

④哪些因素有助于成功地完成游戏?

⑤游戏过程中有无冲突产生？你们是如何处理冲突的？

⑥游戏过程中有无领导者产生？其他人是否属于被迫接受领导？他们对此感受如何？

⑦这个游戏揭示了什么道理？

⑧如何将这个游戏和我们的实际工作联系起来？

8. 安全:注意不要让游戏者从网洞中跌落下去

9. 变通

① 可以在游戏进行过程中变更游戏规则,加大游戏的难度。

② 触网的后果也可以是立刻使游戏者变成哑巴。

(二)信任背投(Trust Projection)

图 7－27

1. 时间　1 个小时以上,取决于参加人数的多少。

2. 人数　12～20 人。

3. 道具:一个 1.5～1.8 米高的平台(如果没找到平台,可以用梯子或者树桩代替)。

4. 意义

几乎每一个户外培训小组都可以参加这个游戏。它表面上看起来很吓人,但是如果队员动作规范,实际上是相当安全的。

5. 目的

①建立小组成员间的相互信任。

②使队员挑战自我。

③发扬团队精神,互相帮助

6. 准备步骤

①游戏开始之前,让所有队员摘下手表、戒指以及带扣的腰带等尖锐物件,并把衣兜掏空。

②选两个志愿者,一个由高处跌落,另一个作为监护员,负责管理整个游戏进程。让他俩都站到平台上。

③让其余队员在平台前面肩并肩从低到高排成两列,相对而立,负责承接跌落者。

④告诉那位监护员,他的职责是保证跌落者正确倒下,并做好充分准备,能直接倒在两列队员之间的承接区上。监护员还要保证,跌落者头部向后倾斜,身体挺直,直到他们倒下后被传送至队尾为止。

⑤监护员还要负责察看承接队伍是否按个头高低或者力气大小均匀排列,必要时让他们重新排队。并且要时刻做好准备来承接跌落者。

⑥ 跌落者应该让监护员知道他什么时候倒下。听到监护员喊:“倒”之后,他才能向后倒。

⑦队首的承接员接住跌落者以后,将其传送至队尾。

⑧队尾的两名承接员要始终抬着跌落者的身体,直到他双脚落地。

⑨刚才的跌落者此时变成了队尾的承接员,靠近平台的承接员变成了台上的跌落者。循环下去,让每个队员都轮流登场。

⑩如果有人不愿意参加跌落,不要逼迫或者戏弄他们。

7. 讨论问题及示例

①最初你们对游戏有何认识?

②参加游戏之后你们有何感受?

③当站在平台上准备向后倒时,你有何感想?

8. 安全

任何时候,都不能让队员从 1.8 米以上的地方向后倒。否则跌落者的头或肩将比身体的其他部位先接触承接队伍,导致摔伤。必要时多安排几个监护员,监护员的数量取决于培训队员的组成状况。跌落者掏空所有衣兜,解下带扣的腰带。

9. 变通

对于那些既成的团队,可以考虑给跌落者蒙上眼罩,增加游戏难度。

三、室内拓展——地雷阵(Minefield)

图 7-28

1. 时间　15～30 分钟。

2. 人数　至少 12 人,越多越好。

3. 道具

①每对参赛者一块蒙眼布。

②两根约 10 米长的绳子。

③一些报纸,使用对角线约 60 厘米的硬纸板、胶合板代替亦可。用来代表游戏中的“地雷”。

4. 意义

它有助于建立小组成员间的相互信任,促进沟通与交流。

5. 目的

①建立小组成员间的相互信任。

②促进沟通与交流。

③使小组充满活力。

6. 准备步骤

①选一块宽阔平整的游戏场地。

②安排不想参加游戏的人做监护员。当参加游戏的人较多时,游戏场

地会变得非常喧闹。这是一个有利因素，因为这会使穿越地雷阵的人无所适从，难以分清听到的指令是来自自己的同伴，还是来自其他小组的人。

③让每个队员找一个搭档。

④给每对搭档发一块蒙眼布，每对搭档中有一个人要被蒙上眼睛。

⑤眼睛都蒙好后，就可以开始布置地雷阵了。把两根绳子平行放在地上，绳距约为10米。这两根绳子标志着地雷阵的起点和终点。

⑥在两绳之间尽量多地铺上一些报纸(或是硬纸板、胶合板等)。

⑦被蒙上了眼睛的队员在同伴的牵引下，走到地雷阵的起点处，挨着起点站好。他的同伴后退到他身后两米处。

⑧致游戏开场白，开场白示例如下：

几天前，你和你的同伴因叛乱而被捕，被一起关在一间牢房里。黎明前。你的同伴侥幸逃了出去。可糟糕的是，他非常不熟悉牢房外面的情况。这是一个夜晚，外面一片漆黑。为了逃离危险．你的同伴必须穿过一个地雷阵。你很清楚地雷阵的布局和每个地雷的位置。可是你的同伴不知道，你需要以喊话的方式，在他穿越的时候为他指引方向。如果你的同伴在穿越的过程中碰到或撞到了地雷阵中的其他人，他必须静止30秒后方可移动。如果他不小心碰了“地雷”，那么一切就都结束了，你们小组将被淘汰出局。一旦天亮，哨兵就会发现地雷阵中的人，并开枪将他们击毙。赶快开始行动吧！祝你们好运！

7. 安全　留意那些被蒙住了眼睛的人，他们不知道自己会走到哪里去。

8. 变通

①这个游戏也可以在室内进行，可以使用胶带来标记地雷阵的起点和终点。

②可以使用诸如拼图板，捕鼠器之类的物品来代表地雷。

四、其他拓展项目简介

(一)跨越断桥(Across the broken bridge)

1. 培训目的：

目标管理；抓住机遇；忍耐；果断；体能达到极限的情况下，本性的体现，

自我惰性;风险 = 成功;

2. 项目简介

所谓断桥,顾名思义就是一个只有两端的桥板，而中间断开悬空的桥。项目要求所有学员必须依次独立的 从桥板的一端跨跃到另一端,到对面桥板后再单腿跨回。

图 7 – 29

(二)空中单杠(Aerial high bar)

图 7 – 30

1. 培训目的

增强自我控制与决断能力,建立挑战困难的自信心与勇气 ,无论后退是多么舒适,也不为舒适而后退,通过相互鼓励、保护,体验队员之间相互信任、相互负责的团队精神。

2. 项目简介

要求所有学员依次独立爬上立柱，在圆盘上站稳后,双腿同时用力蹬出，双臂前伸抓住挂在上前方的单杠。

(四)天梯 (Ladder)

图 7－31

1. 培训目的

在无法选择合作伙伴时，学会与他人合作；在合作中尽快找到个人所长，并使其作用于团队。学会在合作中帮助他人，并从他人处获取帮助，体会相互合作、配合，目标达成后的喜悦

2. 项目简介

六根木桩成梯状悬于空中，最低一根距地约 1.2 或 1.8 米，队员 2 人一组，相互帮助攀爬天梯，爬至最上面的横木为止。

(五)缅甸桥 (Burma Bridge)

图 7－32

1. 培训目的

体会“如履薄冰”的心惊，感悟坚持就是胜利的哲理。培养团队合作精

神；学会资源的有效利用。

2. 项目简介

学员依次空中钢丝绳上行走。

（六）抢滩登陆(Beach landing)

图 7－33

1. 培训目的

通过一项系统的工作来考验团队的分工协作能力，决策能力，沟通能力，执行能力以及团队的 P. O. L. C.。

2. 项目简介

分组团队利用长短竹、绳索和油桶亲手来扎起一个木筏，然后全队人员撑木筏去争夺一个水源头的红旗，最先完成目标并返回阵地的为胜利。

（七）齐眉棍（Qimei Gun）

图 7－34

1. 培训目的

体会协作精神在团队中异常重要。

2. 项目简介

在保证每个人双手的食指都在塑料棍或竹棍下面的情况下，将棍完全水平地往下移动至地面；一旦有人的食指离开塑料棍，或者，棍没有水平往下移动，任务就算失败。

(八)大脚霸(Feet Ba)

图 7－35

1. 培训目的

在无法选择合作伙伴时，学会与他人合作。学会在合作中帮助他人，体会相互合作、配合，目标达成后的喜悦。在合作中尽快找到个人所长，并使其作用于团队，学会在合作帮助他人。并从他人那获得帮助，体验队员之间相互信任、相互负责的团队精神。

2. 项目简介

二块木板就是一双鞋子，十几个人同时站在上面，手抓绳子，手脚不能到地面向前走。

(九)毕业墙(Graduation Wall)

1. 培训目的

培养团结一致、克服困难、勇于牺牲的团队精神、培养计划、组织、协调能力。将看似不可能完成的任务变成现实，培养战胜困难的决心和信心，激进、冒进的主意有时不一定是坏主意。

2. 项目简介：

全体参训队员在只能利用自己身体的情况下，需协同作战，共同翻越4米的高墙。

图7-36

(十)鳄鱼潭(Crocodile)

图7-37

1. 培训目的

认识到最适合团队的办法就是最好的办法，正确分析资源，有效利用资源，学会细节管理：不论多完美的计划，如果在操作过程中不谨慎，一切就都要从新开始。

2. 项目介绍

利用 3 个油桶、两块木板,所有人不得落地安全通过一个个的鳄鱼潭。

(十一)平衡木(Beam)

图 7-38

1. 培训目的

把心态、身体、力量的平衡相结合、将自己放在掌握平衡力的最高境界;增加自我控制与决断能力、以适应存在巨大压力的外部环境;扩展心理舒适区;视偶尔的马失前蹄作为经验的累积

2. 项目介绍

参训队员爬越 9 米高的立柱,站立于平衡木始端,调整好身体的重心,以个人的平衡力和身体的协调力在没有任何借助物的情况下,徒步至平衡木的另一端。

(十二)风火轮(Pinwheel)

图 7-39

1. 培训目的：

合理配置资源，分工配合；检验组织成员工作主动性，建立团队自己的节奏，协调一致对组织的重要性，个人与团队的相互作用（个人的能量只有透过组织才能发挥出来，如果个人与团队目标不统一，个人能量越大，对组织的破坏性越大，个人发展必须跟上组织的节奏对领导的认同，明确的团队目标，有效的沟通与合作。

2. 项目介绍：

前面是一条不可正常穿越的路，怎么办？团队有的是报纸，剪刀，胶带，还有大家的智慧。

第八章
户外安全防范与急救

本章节简单介绍了户外运动常见的疾病及处理方法、受伤后的急救措施、户外露营与饮食的防患措施与紧急处理等问题，提高学生户外运动的安全及防范知识。

第一节　户外运动常见疾病与处理

一、高山冻伤

在登山常见疾病中，冻伤发病率较高，尤多见于初次参加登山的运动员。新手缺乏防护的实际经验，加之初次登山时高山反应重一些，对防冻容易疏忽。

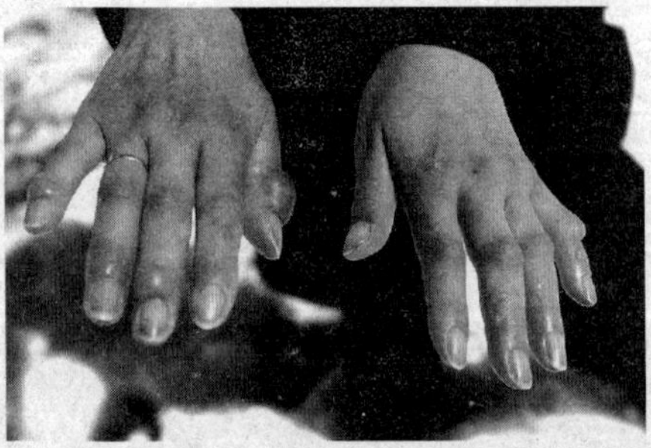

图 8－1

图 8－2

（一）病因

高山冻伤与缺氧有明显关系。缺氧可引起人体体力、精神的衰退和全身尤其是肢体末梢的循环障碍，以致抗寒的能力大大下降。对缺氧适应不良者，冻伤发生率更高。高山冻伤与海拔高度也有关系。海拔愈高，气温愈低，风速愈大，冻伤发生率愈高。发生冻伤的部位以四肢和颜面为最多。

高山冻伤可分为4度：1度病变在表皮，表现为红斑；2度侵及真皮，有水泡、肿胀；3度侵及皮下；4度侵及肌肉和骨骼，主要表现为坏死。

冻伤后应先在基地营作一段治疗，切忌过快地送至高温地区，否则患处组织容易溃烂、感染，愈后较差。

（二）治疗方法

①对没有起疱的部位进行按摩。

②在受冻肢体的向心端作普鲁卡因封闭。

③抽出水疱内液体。

④未破皮者外敷中药桑寄生膏。

⑤尽早用热水（40℃左右）浸泡。

⑥红外线理疗。

⑦4度冻伤初期采用保守疗法，待分界线形成后切除坏死组织。在保守治疗中，应注意控制感染，改善局部循环，适时晚期手术治疗。

图8－3

二、雪盲

图8－4

图8－5

即日照性眼炎。高山上空气稀薄，太阳光的穿透阻挡少，加上山地冰雪的反射作用，因此日光的照射远较平地为烈。

（一）主要病因

高山紫外线照射强烈，红外线的照射亦有一定作用。

（二）症状

初时似有异物颗粒摩擦，随后眼睛迅速发生严重的刺痛或灼痛，羞明、流泪、眼睑痉挛、视物不清，查体可见整个眼睛肿胀、球结膜明显充血，有粘液样分泌，瞳孔缩小，对光反应迟钝。

（三）处理

应去暗处休息，戴防护眼镜，点可的松眼药水及0.5%潘托卡因，止痛消炎。轻症者3～4小时即可恢复，重症者可持续5～7日。所遇病例均可完全恢复。但在急性期因疼痛畏光，睁不开眼睛，等于暂时失明，严重影响到在高山的活动能力。

（四）预防方法

在7000米以下的冰雪地带或烈日下进行，戴深色防护镜；在7000米以上高山年，戴专门防御紫、红外线的高山眼镜。

三、中暑

（一）病因

人体受高温及阳光直接照射，使体温调节机能失常而发生排汗困难，外界气温太高而身体无法散发，而体温急剧上升。如长时间曝露于高温下，可引起脑膜高度充血而影响中枢神经系统失去了体温调节作。

图 8－6

（二）症状

感觉闷热难受，体温升高（往往超过40℃）。皮肤潮红但干燥无汗，继而意识模糊，头晕虚弱，恶心呕吐，血压降低，脉搏快而弱，终至昏迷。

（三）处理

1. 迅速将移往阴凉而通风之处所，放低头部。

2. 解除负荷，松开衣服，全身淋以冷水。

3. 补充含糖和盐份的水（意识清醒时可口服，意识不清醒时应点滴给予）

4. 物理治疗：用酒精棉擦涂人中、太阳穴。

5. 药物治疗：服用人丹、藿香正气水、一滴水等。

（四）预防

1. 在太阳穴涂抹风油精、清凉油等。

2. 适时补充足够水分。

3. 穿着易散热服装。

四、晒伤

（一）病因：人体长期受高温及阳光直接照射引起皮肤的病变。

（二）症状：皮肤被晒发红并出现疼痛或起小疙瘩、水泡。

（三）处理

1. 用冷水毛巾敷在患部，直至痛感消失为止。

2. 皮肤没有外伤的情况下涂上防晒油脂。

3. 出现水泡时，不要去挑破，用冷水毛巾冷敷。

（四）预防

1. 尽量避免强烈日晒。

2. 日晒前半小时吐沫防晒油。

五、中毒

（一）症状：恶心、呕吐、腹泻、胃疼、心脏衰弱等。

（二）处理：首先要洗胃，快速喝大量的水，用指触咽部引起呕吐，然后吃蓖麻油等泻药清肠，再吃活性炭等解毒药及其他镇静药，多喝水，以加速排泄。为保证心脏正常跳动，应喝些糖水、浓茶，暖暖脚，立即送医院救治。

图 8－8

六、叮咬伤

（一）病因：被含毒素的动物叮咬造成的。因为动物嘴内含有的细菌或毒素可能会造成感染和中毒。

（二）病状：肿胀、疼痛、甚至头痛、恶心。

（三）处理：

1. 被蛇蝎等叮咬要首先判断伤口是否有毒，有毒情况下可进行近心端包扎，静卧。

2. 被蚊虫、蜜蜂等叮咬可涂抹风油精等。（药品不能混用）

3. 被猫、狗等咬要及时汇报。

（四）注意：应穿长袖衣和裤子，扎紧袖口、领口，皮肤暴露部位涂搽防蚊药。不要在潮湿的树阴和草地上坐卧。宿营时，烧点 艾叶、青蒿、柏树叶、野菊花等驱赶昆虫。

图 8－11

七、出鼻血

（一）病因：

1. 受热刺激鼻黏膜出血

2. 头部受撞击后鼻黏膜出血

（二）病状：从鼻腔中流出血或水状液体（受撞后流出水状液体应与重视）

（三）处理：

1. 马上坐下，头略低，用手捏住鼻子，5 分钟左右，用口呼吸。

2. 若出血仍止不住时，可以用清洁的纱布塞入鼻腔，捏住鼻子，没有纱布也可用餐巾纸、棉球代替。

3. 物理疗法，用冷毛巾、酒精棉冷敷鼻根部。

（四）预防：注意放暑降温

（五）注意：

1. 由外伤引起的出鼻血既而引发耳中出血应及时送医院

2. 外伤引起鼻腔可能流出水样液体。这是脑脊液。它近似透明，掺有少量血丝的水样液体，无异味。应任其流出，并急送医院。堵塞鼻腔反而容易引起颅内的细菌感染。

八、起水泡

（一）病因：因磨损、重压、烫伤、冻伤等引起的体液渗出而形成。

（二）处理：

1. 起泡后（未破）先用肥皂清洗干净。

2. 把别针等针头用火烫消毒，然后刺破水泡。

3. 用干净的纱布将泡中的积液轻轻挤出擦干，最后贴上护创膏。

九、外伤（擦伤、刺伤）

（一）初诊：观察擦伤的伤口面积或刺伤的伤口深度及出血量。

（二）处理：

（三）擦伤：

1. 当伤口面积不太大时，无活性出血时，可擦涂外用药品或用清水冲洗伤口周围。

2. 当伤口面积较大，但无活性出血时，清洗后可在干净的纱布外再加包带缠扎。

3. 当出现活动性出血时，首先借出血把伤口中地脏物带出伤口。然后用清洁的纱布盖住伤口，手放在纱布上压迫止血。

（四）刺伤：

1. 当刺入体内的异物较小且较浅时，可先取出异物后用力挤压伤口，将伤口内的血和脏物带出体外。然后处理方法同擦伤。

2. 当刺入体内的异物较大且较深时，不要轻易取出异物也不要私自清洗伤口以免造成大出血。进行简单的包扎后尽快由医务人员处理。

（五）注意：

1. 保持伤口干燥和透气，以免感染。（破伤风为厌氧菌，较深的伤口危险较大，保持伤口透气极为重要）

2. 擦伤伤口大和刺伤时请尽快汇报，及时预防破伤风。

3. 尽快消毒处理伤口，6 小时不作消毒处理，感染的可能性很大。

十、摔伤

（一）初诊：

1. 判断头面部→肩、背、腰、尾锥→四肢有没有受伤。

2. 本人轻微活动受伤的部分，判断是否剧痛。如出现剧痛，平躺下来休息，不要着急活动。

3. 在不活动的时候判断是否疼痛，如仍然疼痛，应尽快固定伤处，以防骨折错位。

（二）处理：

1. 如怀疑有骨折的可能，不要运动，尽快与医务人员联系。

2. 如出现肿胀、淤血可用冷敷疗法止痛。

3. 其余外伤处理方法同上。

十一、扭伤

（一）病因：因关节活动过量，超过正常活动范围，使周围的筋膜肌肉等受强力牵拉发生的损伤。

（二）病状：关节肿涨、剧痛、活动受限，关节皮下淤血，不能活动或侧弯。

（三）处理：

1. 停止活动（至少减小用力），尤其是踝部和膝关节的扭伤。

2. 在患部垫上纱布、毛巾等，用冰袋冷敷。

3. 可配以舒筋活血的药物治疗，但不要进行推拿和按摩。

4. 休息时，将患处垫高。

十二、眼中进入异物

（一）处理：

1. 用清洁的手翻起眼皮，如看见异物粘在结膜上，可用棉球沾上水后剔去异物。

2. 如看不见异物时，可进一步用棉棒按住翻开的眼皮，用手捏着睫毛拉起找找眼皮内侧是否有异物。

3. 眼球略向下看容易发现异物。

4. 虽找不到异物，但总有异物存在感觉，可能是刺入角膜了。可用纱布保护好去医院处理。

（二）注意：眼球是娇贵的器官，不要用脏手揉眼。如有问题尽快与医务人员联系。

【小贴士】常用医药用品清单（以3人队所需的药品计量）

个人药品：板蓝根冲剂1周剂量；创可贴10片；维生素1周剂量

公共药品：

1. 内服药物

感冒药——百服宁50 2片×3人×7天

消炎药——阿莫西林40 1天量×2人×3天

肠胃药——黄连素40 1天量×2人×3天

抗过敏药——扑尔敏 10 2 片 ×2 人 ×2 天

消化药——吗丁林 10 2 片 ×2 人 ×3 天

口腔药——西瓜霜 100 5 片 ×3 人 ×6 天

眼药水——红霉素 1

外伤应急——云南白药 1

高山病——速尿 10 2 片 ×2 人 ×2 天

阿司匹林 30 1 片 ×3 人 ×10 天

肌苷 60 2 片 ×3 人 ×10 天

急救）——地塞米松 12mg

2. 外伤药及器械

碘酒 1

酒精 1

（或碘氟喷剂）1

纱布 2

胶布 2

外伤擦剂 1

扶他林 1

伤湿膏 10

手术刀 1

镊子 1

温度计 1

听诊器 1

棉签

补充意见：

1，阿莫西林作为人工合成的半合成青霉素的抗菌谱不广，而且近 10 年以来耐药菌增多。同时对青霉素过敏的人也不能吃。建议你换做西力欣 250mg bid Po 这样比较好。

2. 应携带止血药，止血敏等。云南白药起效比较慢。

3. 扑尔敏有明显的嗜睡的副作用如果是开车或在高山地区活动不能应

用。可以使用 开瑞坦。

4. 最好带上蛇药。

5. 带上弹力止血带，这是抢救中最有用的了。

第二节　户外运动受伤后的急救

户外活动中的任何一个小的问题的发生，都有可能导致大的事故。尤其是在遇到突发性的病人或伤者，要根据不同情况采取相应的急救措施（愈快处理效果愈好），然后想办法尽快送医救治。

一、急救的目的

抢救生命，降低死亡率；防止病情的继续恶化；减轻病痛，减少意外伤害，降低伤残率。

二、急救的原则

遇到事故时，应沉着大胆，细心负责，分清轻重缓急，果断实施急救方法；先处理危重病人，再处理病情较轻的病人，在同一患者中，先救治生命，再处理局部；观察现场环境，确保自己及伤者的安全；充分运用现场可供支配的人力、物力来协助急救。

三、处理前观察

需观察患者全身，并掌握周围状况。判断伤病原因、疼痛部位、程度如何，或将耳朵靠近听听呼吸声。尤其要注意脸、嘴皮、皮肤的颜色或确认有无外伤、出血、意识状况和呼吸情形，仔细观察骨折、创伤、呕吐的情况。然后，选择具体的处理方法。尤其对呼吸停止、昏迷、大量出血、服毒的情况，不管有无意识，发现者均应迅速作紧急处理，否则将危及患者生命。现场要尽量组织好对伤病者的脱险救援工作，救护人员要有分工，也要有合作。

四、观察后处理

在做急救处理时，以患者最舒适的方式移动身体。若患者意识昏迷，需注意确保呼吸道畅通，谨防呕吐物引起的窒息死亡。为确保呼吸畅通需让患者平躺。若有撞击到头部的也要水平躺下，若脸色发青需抬高脚部，而脸色发红者需稍抬高头部，有呕吐感者，需让其侧卧或俯卧为宜。

五、处理完毕后

在紧急处理完将患者交给医师之前，需对患者进行保暖，避免他消耗体力，以使症状恶化。接着联络医师、救护车、患者家属。原则上搬运患者，需在充分处理过后安静地运送。搬运方法，随患者情况和周围状况而定。在搬运中，患者很累，要适度且有规则的休息，并随时注意患者的病况。现场抢救时间紧迫，对病情危重者的救治，一要遵守急救原则，二要抓住重点，迅速按以下步骤检查患者。

（一）判断意识

轻拍患者肩部（或面部），并在其耳边大声呼唤："喂，你怎么啦！"以试其反应，婴儿采用拍击足跟或掐其合谷穴，如能哭泣，则为有意识。

（二）高声呼救

患者对轻拍、呼唤无反应，表明其已无意识，立即在原地高声呼救："快来人呀！救命啊！"

（三）急救体位

患者体位应为"仰卧在坚硬平面上"。如果患者是俯卧或侧卧，在可能情况下应将他翻转为仰卧，放在坚硬平面上，如木板床、地板或背部垫上木板，这样，才能使心脏挤压行之有效。不可将患者仰卧在柔软物体上，如沙发或弹簧床上，以免直接影响胸外心脏挤压的效果。注意保护头颈部。

（四）翻身的方法：抢救者先跪在患者一侧的肩颈部，将其两上肢向头部方向伸直，然后将离抢救者远端的小腿放在近端的小腿上，两腿交叉，再用一只手托住患者的后头颈部，另一只手托住患者远端的腋下，使头、颈、肩、躯干呈一个整体同时翻转成仰卧位，最后，将其两臂还原放回身体两侧。

（五）打开气道

抢救者行将患者衣领扣、领带、围巾等解开，同时迅速将患者口鼻内的污泥、土块、痰、呕吐物等清除，以利呼吸道畅通。注意清除口腔内异物不可占用过多时间，整个开放气道过程要在3～5秒内完成，而且在心肺复苏全过程中，自始至终要保持气道畅通。

（六）人工呼吸

若患者无自主呼吸，抢救者应立即对患者实施人工呼吸——口对口（鼻）吹气2次。每次吹气时间为1～1.5秒钟。每次吹气量应为800毫升。

（七）检查脉搏，判断心跳

抢救者采用摸颈动脉或肱动脉，观察是否有搏动5～10秒钟，判断患者有无心脏跳动。检查时应轻柔触摸，不可用力压迫。为判断准确，可先后触摸双侧颈动脉，但禁止两侧同时触摸，以防阻断脑部血液供应。

若没有脉搏搏动，可实施胸外心脏挤压术，挤压15次，挤压速度为每分钟60～80次。

挤压气与吹气之比为15∶2反复进行。连续做4遍或进行1分钟后，再判断，检查脉搏、呼吸恢复情况和瞳孔有无变化。

（八）紧急止血

抢救者对有严重外伤者，还应检查患者有无严重出血的伤口，若有，应当采取紧急止血措施。避免因大出血引起休克而致死亡。

（九）保护脊柱

因意外伤害、突发事件造成严重外伤，在现场救治中，要注意保护脊柱，并在医疗监护下进行搬动转运。避免脊髓受伤或受伤脊柱进一步加重，造成截瘫甚至死亡。

【小贴士】保证野外活动安全的10条意见

1. 掌握应急处理方法。

2. 注意天气预报。

3. 适时添加衣服。

4. 避免过于疲劳。

5. 尽量有规律地进食，并注意饮食卫生。

6. 充足睡眠，注意温度、姿势等。

7. 排便最好在早饭后进行。

8. 注意个人卫生，如不能洗澡，也要擦身换衣。

9. 保持集体友爱，互通信息，相互帮助。

10. 一旦发生事故，果断处理，切莫相互埋怨而耽误了抢救时机。

把握身体情况的三要点：

1. 出发前每人应介绍自己的健康状况，如脉搏、体温等，核查后出发。

2. 注意脸色和表情等，如脸色不好，眼睛充血，打嗝过多，要马上向带队者报告。

3. 要注意过于沉闷和过于兴奋等精神方面的变化情况。

避免危险的 6 个方面：

1. 夜晚不要单独外出。

2. 不要靠近山崖、河边，以及火山口。

3. 不要在生疏山头上玩得太久，天气突变时，应找安全地方躲避。

4. 身体不行时，不要硬撑赶路，应暂时休息。

5. 出现迷路时要冷静判断，千万别慌不择路，乱跑乱窜。

6. 准备好紧急联络的方法等。

第三节　户外露营与饮食的防患措施与紧急处理

一、防洪

露营多在溪边，下过一场大雨后，山区洪水倾泻而下，可能会淹没溪边营地，因此扎营时应注意洪水流向，沙滩冲积地是扎营佳处，洪水来时也首当其冲，下雨后应采取行动，换个营地，否则会有被洪水冲失的可能。到溪边或海边露营前，最好收听气象报告如能请教熟悉当地气候、地形的人，以选择适当的露营时间，则是最理想的。

二、防溺与防火

不论在海边或溪边露营，很可能都有游泳的机会。海边露营有警戒线，不要忽略这道防线；不大会游泳的人，最好两人一组，并且不要离岸太远，技术好些的人，也该有个保留，不要太逞强，以致游不回岸。边露营在深潭处时，下水前应先试探水的深度，投石或以竹竿试测；溪水倾泻而下的深潭处，可能也是漩涡聚集处，不要轻易冒险。

如果不幸有人溺水，那么先清除他口中的异物，并替他施行“心脏按摩”和“人工呼吸”，并尽快找来懂得医护的人员，不要尽是压他的腹部，从腹部挤出来的东西，很可能堵塞他的咽喉。

防火方面，除了如前述做好灭火的工作外，切忌在帐篷内点蜡烛，翻倒的蜡烛很容易引起火灾而烧毁帐篷。不得已时，也得用一个平稳的石台插座；烟头烟蒂不往干柴上丢，并随时注意汽油煤油等，不可放在帐内，帐内的照明最好使用手电筒或营灯。

三、饮食病症

旅途中，因地域饮食习惯以及身体适应性等，容易诱发腹泻病症，就此提供一些出行饮食卫生注意事项及应对腹泻办法。

一、注意饮食卫生，养成良好的个人卫生习惯。

在旅途中多选取清淡食品，多吃蔬菜水果，以及一些不易受细菌干扰的相对比较“环保”的食品，如鸡蛋，当地新鲜肉类食品等，并切记莫太贪嘴，注意当地一些野生植物的食用是否适合自己当时的身体状况。当然，只要在旅途中时牢记“防止病从口入”这一警语并严格遵守，一般是不会与腹泻结缘的。

二、适当地服用一些保健肠胃药物。

盐酸黄连素片属中成药，也是预防和治疗腹泻的良药，如果在旅途中感到进食后有胃肠不适，或对饮食店的卫生觉得不尽如人意，或进食的食物不太新鲜，均可立服盐酸黄连素片 2 ~ 3 片，能起到一定预防作用。

三、如果不慎染上急性腹泻，就应该马上采取治疗措施。

急性腹泻治疗不及时，就会转变成慢性肠炎。慢性肠炎可反复发作，很难彻底治愈，虽不致危及生命，但可伴度终生。因此，对急性腹泻一定要急治。

四、具体治疗方法可参考以下几点：

1. 口服盐酸黄连素片 3 片，1 日 3 次，可酌情饭前后服用。

2. 口服痢特灵 1 ~ 2 片，1 日 3 次，注意饭后服用，且过量很可能引起胃痛和厌食。

3. 口服易蒙停胶囊，首次 2 粒，以后每次腹泻后服 1 粒，至治愈为止，但每天不得超过 8 粒。

4. 如无随身携带的药物，可进行按摩治疗，效果亦十分理想。操作方法如下：病人俯卧，两肘撑在床上，两掌托腮，用枕头或其他软物（约 20 厘米厚）垫在靠膝盖的大腿下使腰部弯曲；施治者用两拇指按在第二腰椎棘突（棘寮即脊梁骨上突起的、能用手触到或可看到的隆起骨）的两侧以强力朝脚方向按压 2 分钟；如此重复一次即可止泻。

5. 解毒：在进行上述急救处理后，还应当对症治疗，服用解毒剂。最简便的可吃生鸡蛋清，生牛奶或用大蒜捣汁冲服。有条件的可服用通用解毒剂（活性炭 4 份，氧化镁 2 份，鞣酸 2 份和水 100 份），其主要作用是吸附或中和生物碱、重金属和酸类等毒物。

专业词汇中英文对照表

基本特点(Basic features)
空中项目(Air Project)
水上项目(Water Project)
陆上项目(Land Project)
综合项目(Integrated Project)
丛林系列(Jungle)
峡谷系列(Canyon)
登山、攀岩系列(Mountaineering, rock climbing)
荒漠系列(Desert)
高原探险运动系列(Plateau Adventure)
水平运动(Horizontal movement)
群体活动(Group activities)
健身价值(Fitness Value)
对于人心智的价值(The value for the human mind)
教育价值(Educational value)
观赏价值(Ornamental value)
高山探险登山(Alpine Mountaineering Expedition)
竞技登山运动(Athletic mountaineering)
攀岩运动(Climbing)
普通登山活动(General mountaineering)
定向登山(Directional Mountain)
服饰(Clothing)
脚部装备(Foot equipment)
背包(Backpack)
冰镐(Ice ax)
冰爪(Crampon)

帐篷(Tents)
登山寝具(Mountain Bedding)
睡袋(Sleeping)
睡垫(Sleeping pad)
炊事用具(Cooking utensils)
炉具(Stove)
锅具(Pots and pans)
行军(March)
行军技术(March Technology)
上山步行法(Walking up the hill method)
下山步行法(Walking down the Law)
山脉棱线步行法(Mountain ridge line, walking France)
穿林技术(Technology through the woods)
渡河技术(Crossing technique)
单人渡河法(Single crossing)
两人渡河法(Two crossing)
多人渡河法(People crossing)
休息(Rest)
主绳 (Ropes)
安全带(Belt)
8 字环(8 characters ring)
铁锁(Locks)
扁带(Flat belt)
快挂(Quick link)
攀岩鞋(Climbing Shoes)
镁粉及粉袋(Magnesium powder and flour bags)
挂片(Hanging film)
头盔(Helmet)
上升器(Risers)
抱石垫(Bouldering Mat)
单 8 字结(A single 8 - word statement)

中段 8 字结(Middle 8 characters knot)
双半结(Pairs of half - knot)
双渔翁接绳结(Double Fisherman Access knots)
水结/扁带结(Water knot / flat belt knot)
爪结/普式爪结(Claw knot / P - type claw knot)
双套结(Clove Hitch)
蝴蝶结(Bow)
身体姿势(body position)
脚的动作(Foot movements)
定向越野(Cross - Country Orienteering)
山地车定向(Mountain bike orienteering)
轮椅定向(Directional Wheelchair)
滑雪定向(Ski Orienteering)
夜间定向(Night Orienteering
接力定向(Relay Orienteering)
地图(map)
指北针(Compass)
检查点点标(Check bit standard)
打卡器(Clocking device)
检查卡片(Check Card)
个人装备(Personal Equipment)
标定地图(Calibration Map)
对照地形(Topographic contrast)
确定站立点(Determine the stand - point)
背囊(Backpack)
登山鞋(Hiking shoes)
绳索(Rope)
电筒及荧光棒(Torch and light sticks)
指北针(Compass)
求生哨(Survival Whistle)
7、求生刀具(Survival Tool)

手表(Watch)
通信工具(Communication tools)
帐篷(Tents)
睡袋及防潮垫(Sleeping bag and moisture - proof pad)
生火工具(Fire tools)
水壶(Kettle)
望远镜(Telescope)
收音机(Radio)
照相机(Camera)
备用食品(Alternate food)
耐力素质(Endurance)
力量素质(Power quality)
速度素质(Power quality)
野外取水(Field water)
寻找食物(In search of food)
方向辨别和天气预测(Identify the direction and weather forecasts)
帐篷的搭建(Tent structures)
床铺的搭建(Bed structures)
炉灶的搭建图(Stove structures)
如何生火(How to light a fire)
厕所的制作(The production of toilet)
烟火信号(Pyrotechnic)
地对空信号(Ground - signal)
体示信号(Body showing the signal)
旗语信号(Semaphores)
声音信号(Sound signals)
反光信号(Reflective signal)
昆虫叮咬的防治(Prevention and treatment of insect bites)
昏厥(Syncope)
中暑(Heatstroke)
中毒(Poisoning)

冻伤(Frostbite)
蜇伤(Sting)
骨折或脱臼(Fracture or dislocation)
雷雨(Thunderstorm)
车架(Frame)
车把(Handlebar)
传动装置(Transmission)
骑行短裤(Cycling shorts)
骑行衫(Riding shirt)
骑行鞋(Cycling shoes)
手套(Gloves)
头盔(Helmet)
护眼镜(Care glasses)
饮水装置(Drinking water installations)
气筒(Pump)
室内训练项目(Indoor training programs)
场地训练项目(Site training programs)
野外训练项目(Field training programs)
热身游戏(Warm – up Game)
训练(Training)
感受(Feelings)
分享(Share)
总结(Summary)
应用(Apply)
飞跃激流(Leap Rapids)
孤岛求救(Island for help)
蜘蛛网(Spiderweb)
信任背投(Trust Projection)
地雷阵(Minefield)
跨越断桥(Across the broken bridge)
空中单杠(Aerial high bar)

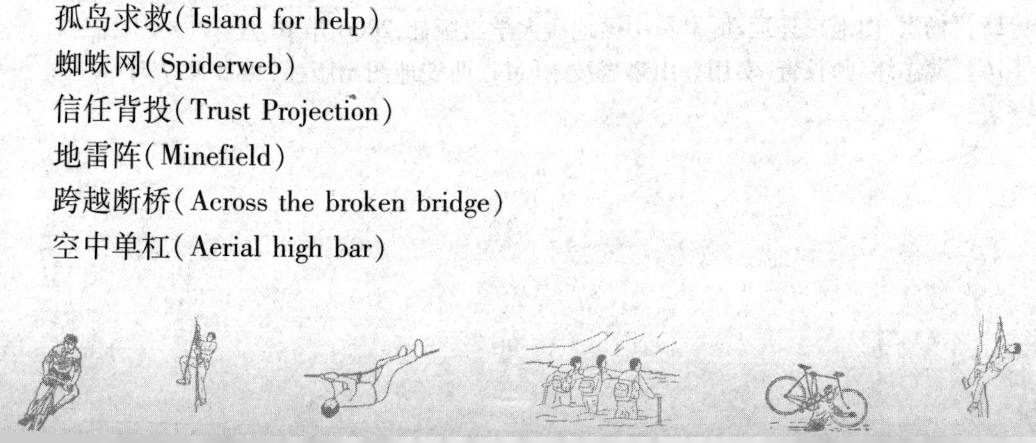

天梯（Ladder）
缅甸桥（Burma Bridge）
抢滩登陆(Beach landing)
齐眉棍（Qimei Gun）
大脚霸(Feet Ba)
毕业墙(Graduation Wall)
鳄鱼潭(Crocodile)
平衡木(Beam)
风火轮(Pinwheel)

【参考文献】

[1] 马红宇,王斌. 登山、攀岩与野营入门[M]. 江苏科学技术出版社,2001 年
[2] 陈维霖. 登山[M]. 人民体育出版社,2005 年 6 月
[3] 郝光安. 登山攀岩[M]. 学苑出版社 1991 年 1 月
[4] 于洪杰. 地形学与定向运动[M]. 哈尔滨地图出版社,2006 年 6 月
[5] 孟昭莉,吕永新. 定向运动[M]. 大连理工大学出版社,2007 年 9 月
[6] 张惠宏,陶于. 定向运动与野外生存[M]. 高等教育出版社 2006
[7] 张宝帆. 定向运动与野外生存[M]. 天津大学出版社,2000 年 5 月
[8] 张瑞林,闻兰. 户外运动[M]. 高等教育出版社,2005 年 9 月
[9] 张晓威. 定向越野[M]. 星球地图出版社,2003 年
[10] 王翔. 定向运动[M]. 高等教育出版社,2005 年
[11] 刘伟石,赵怀东. 户外不完全手册[M]. 中国林业出版社,2003 年
[12] 陶宇平. 户外运动与拓展训练教程[M]. 电子科技大学出版社 2006 年 8 月
[13] 毛振明,王长权. 学校心理拓展训练[M]. 北京大学出版社,2004 年
[14] 丁绍虎. 野外生存[M]. 河北科学技术出版社,2005 年
[15] 杨汉. 山地户外运动[M]. 中国地质大学出版社,2006 年 10 月
[16] 薄志炜,师长青. 实用登山攀岩技术[M]. 西安地图出版社,2005 年 7 月